仰望苍穹

——中国天眼之父南仁东

王华◎著

中国言实出版社

图书在版编目(CIP)数据

仰望苍穹 : 中国天眼之父南仁东 / 王华著 . -- 北
京 : 中国言实出版社, 2021.1
　　ISBN 978-7-5171-3703-0

　　Ⅰ.①仰… Ⅱ.①王… Ⅲ.①南仁东（1945-2017）
－生平事迹－青少年读物 Ⅳ.①K826.16-49

　　中国版本图书馆 CIP 数据核字（2021）第 006773 号

出 版 人　王昕朋
责任编辑　崔文婷
责任校对　王建玲

出版发行　中国言实出版社

　　　　地　址：北京市朝阳区北苑路 180 号加利大厦 5 号楼 105 室
　　　　邮　编：100101
　　　　编辑部：北京市海淀区花园路 6 号院 B 座 6 层
　　　　邮　编：100088
　　　　电　话：64924853（总编室）　64924716（发行部）
　　　　网　址：www.zgyscbs.cn
　　　　E-mail：zgyscbs@263.net

经　　销　新华书店
印　　刷　徐州绪权印刷有限公司
版　　次　2021 年 1 月第 1 版　　2021 年 1 月第 1 次印刷
规　　格　710 毫米 ×1000 毫米　1/16　11.75 印张
字　　数　180 千字
定　　价　68.00 元　　ISBN 978-7-5171-3703-0

王华，女，1968年生人，仡佬族，贵州道真人。中国作家协会会员，一级作家。鲁迅文学院第七届青年作家班学员，贵州文学院专业作家。著有长篇小说

《桥溪庄》《傩赐》《家园》《花河》《花村》《花城》和小说集《天上没有云朵》等多部作品。曾获全国少数民族文学创作骏马奖等奖项。部分作品被改编成电影，翻译到海外。

导语

2016 年 9 月 25 日，世界上最大的望远镜——500 米口径球面射电望远镜 FAST(又名"天眼")落成启用。在南仁东的带领下，一群科学家克服种种困难，突破一个个难题之后，这个曾经被公认为世界难题的天文项目，终于光彩夺目地屹立于世界天文学的前沿。

这个实现了 30 多项自主创新专利成果的 FAST 工程，以它无与伦比的科技高度和美轮美奂的梦幻造型震惊了世界。美国人说："中国最大的天文望远镜将开始搜寻外星人。"英国人说："中国未来可能的发现甚至会超出我们最疯狂的想象。"我们自己也自豪地说："FAST 是敢为人先的大无畏精神，是缠绵深厚的家国情怀，是孜孜以求的科学精神，是靠智慧重拾的民族自信。"

当然，这个时候我们更想说到的，是为这件国之重器鞠躬尽瘁、死而后已的科学家南仁东，是他敢为人先地提出要建一个"500 米口径球面望远镜"，是他不惜以命相搏，倾其二十三载余生，实现了这个伟大的科技梦。

他，被称作"中国天眼"之父。

目录

第一章

——

摘星星的孩子

感官安宁　万籁无声
美丽的宇宙太空
以它的神秘和绚丽
召唤我们踏过平庸
进入它无垠的广袤

这是南仁东在 FAST 竣工时所作的一首诗。从这首诗里，我们可以读到他一生的星空梦和他对星空的不懈追求。

1

世界上所有的童年，都有过对星空的幻想，对于一个孩子来说，星空永远是神秘的，也是美丽的。但绝大多数的孩子，又仅仅停留于幻想，只有极少数人将其一生投入到对星空的探索，而最终成为天文学家。

山，一直都被孩子们看成是离星星最近的地方。南仁东出生的吉林辽源龙山区，有一座龙首山。孩提时的南仁东，时常会跑到龙首山山顶看星星。那些

深邃的星空藏着数不尽的秘密，常常引人遐想

个晚风扑面的夏夜，他和伙伴们仰卧在地上，头枕着双手，久久凝望着星空。他不是个话少的孩子，但每一个看星星的夜晚，他就是最沉默的那个孩子。

"那一颗最亮！"

"那里还有一颗更亮！"

"你数清楚有多少颗了吗？"

"我从来就没数清过。"

这些通常是南仁东的弟弟与伙伴们在嚷嚷，南仁东从来没加入过这样的讨论。由于他们对太空还一无所知，孩子们只能把星空当成头顶的一道风景。当繁星满天，他们小小的心灵便为之震撼，并且沉醉其中，这便是他们能安静下来并久久凝望星空的最大动因。而南仁东，则是最安静的那一个。因为这一点，有一天晚上弟弟突然问他："你相信总有一天你能数清它们，对吗？"原来，他一直以为哥哥这个时候惯常的沉默，都是因为他在全神贯注地数着星星。

但南仁东并没有数星星。或许因为他天赋里有那么一点与众不同，他的思绪其实从一开始就伸入到了星空的背后。他一直在琢磨：这些星星是长在什么地方的？是像苹果一样长在树上的吗？

因此那天他回答弟弟说："我只是在想，要是能摘一颗下来就好了。"

弟弟问："你摘下来做什么用？"

他说："我想我可以送给妈妈当礼物。"

弟弟说："你其实也可以送我一颗。"

他便笑起来，说："那我就摘两颗。"

2

事实上，南仁东骨子里的那份要强，在这个时候已经初露端倪。他跟那个年代的绝大多数孩子一样，没上过幼儿园，而是到 6 岁直接进入小学一年级。但这并不影响他成为尖子生。成为尖子生，并不因为他是"神童"，只是因为他一开始就对自己提出了"成为尖子生"的苛刻要求。从辽源中兴小学到辽源四中，再到辽源五中，他一直这么要求自己，而且一直都做到了。因学习成绩优异，他每学期都会得到学校的表彰。他家的墙壁上，贴满了他的奖状。

1963 年，是他的高考年。对于把高考当成自己人生重要跳板的众多中国孩子来说，这无疑是人生中最紧张的一年。它意味着孩子们必须跨过高考这道坎，才能实现他们清晰抑或还处于模糊状态的人生目标。而在那个年代，高考分明又比"龙门"还要难跃。高考前，北京某军校来校招生，因为他品学兼优，招生老师提出要保送他进军校。对于任何人来说，这都是一件相当于天上掉馅饼的事情，而且掉的还是一个香喷喷的巨大馅饼。他不仅可以通过这条路绕开高考，直接奔赴高校，而且进入的还是几乎所有人都羡慕不已的军校。因此不论是家人还是朋友，都禁不住替他高兴。而对于弟弟来说，除了高兴，还有一些羡慕和嫉妒，他说："你怎么运气这么好呢？要是我今后也能有你这样的运气就好了！"

可南仁东却说："我说过我要接受保送吗？"

这一句话可把一家人都说傻了。很显然，他的回答太出乎大家的意料了。父亲与母亲对视一眼，而后父亲小心翼翼地问他："那你想怎样？"

他想都没想就说："我想参加高考。"

高考不仅是一种学业的比拼，更是一场人生的自我修行

弟弟说："那要是考不上呢？"

要知道，这可不是在说一次普通的考试，即便他们对南仁东有着足够的信任，他表现出来的自信也是需要怀疑的，因为自信和自负从来都只有一步之差。成了，自信就还是自信；败了，便只能被看成自负了。

"我怎么会考不上？"这是他给弟弟的回答。

他说："我既然要考，就一定要考上，而且，不是清华、北大，我哪也不去。"

他实在语出惊人，父母听得倒吸凉气。

"你可得想清楚了！"这是母亲十分小心但又十分认真的警告。孩子冒冒失失地站到了悬崖边儿上，她生怕声音大了会把他吓掉悬崖。

可他却用一种非常轻松的口吻回答母亲："我一直就想得很清楚，我的目标就是清华、北大。"

虽然他的父母跟千千万万的父母一样，都不愿看到自己的孩子铤而走险，但他们同时又有不同于别人的通情达理，他们决定尊重他的选择，放弃这次保送机会，直接参加高考。那情形太像走钢丝，他在上面游刃有余，下面的观众却替他捏着把汗。庆幸的是，他不仅考上了，还拿了个吉林省理科状元，成为当时四平地区十年间唯一考入清华大学的高才生——他如愿以偿地走进了清华大学。

可父母刚松完一口气，南仁东又任性上了——竟然因为没能读到他想要的建筑专业，他便要炒清华大学的鱿鱼。他刚刚说完清华大学是他的目标，跟着就把清华大学弃之身后，跑回了家。

父亲问他："才开学几天，你怎么就跑回来了？"

他说："不上了。"

父亲给他吓得不轻，脸都青了，说："好好的又怎么不上了？"

他说："什么叫好好的？我想上的是建筑专业，可学校硬把我调到了电子工程专业。"

父亲问："你问过是什么原因了吗？"

他说："说是因为我的成绩太优秀，高出分数线50多分，而国家更需要无线电人才。"这话换到别的场合，或者换别人去说，很容易就被当成一种自我夸耀。但这个时候，他的眼睛里却只有失望和实诚。即便是对他了如指掌的父亲，也没能从他的眼神里找到一丁点儿故作矫情的成分。可即使如此，父亲也生气了。如果之前的放弃保送算是自信之举，那么这一次这种情况就只能认为是任性了。身为工程师的父亲，生气也是循着章法来的：先"吧嗒"一下嘴，再深吸一口气——这是理智的人在自控情绪时惯用的一招——那之后，气沉丹田，情绪便不再有一发而不可收拾的可能。

"就是这样，又有什么大不了的呢？"父亲竭力让自己的语气显得很温和。

"更何况，理由还是因为你的成绩很好，因为国家需要。"父亲生生地把火气捏成游丝，希望它不要太暴露。

"可是我想上的是建筑专业，我想做一名像你一样的建筑工程师。"南仁东看着父亲，目光清澈得像一泓泉水。正是从他的目光中，父亲看明白了：这个一直被他们认为有主见的懂事的孩子，其实并没有长大，并没有如他们想象的那样，已经有了自己清晰的人生目标。他跟所有孩子一样，还处于模仿阶段。而对一个男孩而言，父亲就是他最初的榜样，父亲在前面怎么走，他就怎么走，仅此而已。孩子只有真正长大了，才会有自己明晰的人生目标，才会去选择一条可能跟父亲不一样的路，并且在没有父亲带路的情况下，勇敢地朝前走。

父亲的火气被南仁东单纯的目光一点点融化掉，直到它们化成一股暖流，暖遍了全身。再开口，父亲的语气里，已经只剩下温情了。

"孩子，你可得成为一个你自己想成为的人，而不是成为一个像父亲一样的人啊。"父亲说。

这是一座学术的殿堂，来到此地的青年学子，秉承着老一辈知识分子的期冀与精神，
在知识的海洋乘风破浪

清華大學

"你有想过吗？你想成为一个什么样的人？"父亲接着又问。

南仁东想说"我想成为一名建筑工程师"，但他没说。如果父亲这么问，这个回答就太不负责了，他还从来没认真想过自己要做一个什么样的人。事实上当父亲这么问的时候，他才发现，自己其实也并不一定真有那么渴望成为一名建筑工程师。因为他对建筑仅有的了解，都只是来自父亲的工作。那一刻，他的脑子里闪过星空的画面，还跳动着有关星星的那些想法。而且情不自禁地，他还看了一眼头顶，虽然那里只有一个屋顶，他根本没法穿透屋顶看见天空。不过，18岁的南仁东，已经到了嘲笑幼稚和天真的年龄，他的这一不自觉的举动当然遭到了自嘲。事实上，自从他踏进中学的校门，这一路上他就再没敢让那些念头冒出过。尤其是后来的课本让他对天空有了一些基本认识之后，他小时候的那些想法，早就被他暗地里嘲笑得抬不起头来。可不知道为什么，这一天，当父亲提出那个问题的时候，它们竟然又在他脑子里跳跃了两下。他想，或许我想要做一个天文学家，如果是那样的话，我学电子工程专业不是正好？但这个念头也就是闪现了一下，之后他并没有揪住它不放。事实上，那一刻，他已经变得毫无主意。

于是，他郑重地冲父亲摇了摇头，老实地承认自己还没认真想过这个问题。

"那就回去，回去读电子工程专业。"父亲说。

"如果你还不清楚自己到底想成为一个什么样的人，那么你去国家更需要的地方就一定没错。而且不管我们最终的理想是什么，做一个国家最需要的人，都是我们的终极目标。"父亲说。

父亲说话时，父子俩的眼睛一直对视着。他从父亲的眼眸里看到了自己，看到自己在父亲充满期许的目光里迅速成长，成长为一个目光不再茫然的少年。

他回到了学校。

这次走进校门的时候，他不再仅仅是一个学霸，他的心里已经有了"国家"。父亲的点拨，就像满天繁星中最亮的那颗星星一般令他惊喜和充实。关于"国家"与"情怀"，上学期间老师们一定没少灌输过，但要它们从文字蜕变成真正的情结，却需要土壤和气候。父亲最后的那句话，正像是一场春雨，雷声和闪电以示警醒，雨水却滋养了一颗种子，并催它发了芽。

南仁东开始安心地念他的电子工程专业。

3

我们很多人都跟南仁东一样，从懵懂入学，到大学毕业，几乎都是随波逐流。之所以上学，是因为孩子必须上学；之所以要考高分，是因为我们骨子里都有份要强，不甘落后。有一段时间，我们可能喜欢美术，又有一段时间，我们又可能喜欢体育，但这并不代表我们在那个时期就已经有了明确的奋斗目标。事实上，那只能代表我们在不断地摸索，在不停地寻找，寻找属于自己喜欢的人生行走方式。

由于南仁东属于"强扭的瓜"，他没法立即就跟"电子工程"建立起感情。他之所以能安心就读，完全是因为他内心有一颗叫"国家"的种子，他一直铭记着父亲的那句话：不管我们最终的理想是什么，做一个国家最需要的人，都是我们的终极目标。

但是，谁又能说这样的"强扭"不正是冥冥之中的安排呢？那段看似被动而无趣的大学时光，难道不正是为他今后的人生所做的一次磨炼和准备吗？

大学期间，在主修俄语的情况下，南仁东还坚持自学英语。那个时候，如果你在北京的公交车上看到一个大学生拿本英语词典在背，那并不稀奇。但你若看见那个背英语单词的学生，手上拿着的是一本给撕得很薄的英语词典，而且还亲眼看见他在撕，就一定是南仁东了。为了迫使自己能脱离英语词典，南仁东采取的是能背一页，就撕掉一页的办法。在学习上，他从来就不给自己留退路。

假期回到家，他也都是书不离手。参加小范围同学聚会，大家凑一起闲聊，他却捧着本书在看。同学们觉得他太无趣，也有人夺过他的书，拉他一起闹。他不能扫大家的兴，也会应景玩一会儿。但也就一会儿，他又看自己的书去了。之后再有同学聚会，别人也就不叫他了，都嫌他太乏味。有时候，家里人需要他帮个忙，比如抱抱小侄儿什么的，他也是一心二用，一边哄着小孩子，一边看书。因为太专心于看书，时常给小侄儿尿个满身，以至于他的假期里除了英语单词外，还充满了尿味。

听起来，他像是那种死读书、读死书的孩子，其实不然。他不仅对语言感兴趣，还热爱美术和音乐，自然也都是自修。他琢磨着买些画笔、油彩，再来把小提琴。他也不是每个时刻都在啃书本，更不是别人想象的那么无趣乏味。只不过，他的休息、他的玩，跟别人不一样，他时常把画画或者练琴当成休息当成玩耍而已。这样一来，他的那些课余时间，那些别人可能在看电影，或者啃着冰糖葫芦在某个胡同里瞎逛的时间，便总是被他填满了色彩或音乐，还有他的沉醉和快乐。在这期间，他似乎找到了自己所爱：绘画和音乐。他也暗自希望自己能成为一个画家或音乐家。但他的心似乎又并不支持他的这个想法，看上去它另有所属，它一直在张望，在循着一种模糊的召唤。

或许正是这种召唤，使他特别喜欢北京二环边上的古观象台。他一次又一次地把自己的周末时光消磨在那里。他可以摸着某个古老仪器发半天呆，或者靠着它眯着眼晒半天太阳。有时候，他甚至会认真地跟它们念叨。那几个年头，古观象台上那著名的八架铜仪应该跟他很熟，他念叨的时候，你甚至可以相信他们之间是有认真对话的。

他说："你们可都在这里工作了近 500 年了！"

它们哈哈大笑，说："是哩，一晃就快 500 年了。"

他说："我在想，你们究竟是让太空变得不再神秘，还是让太空变得更加神秘呢？"

它们说："如果你仅仅满足于你看到的，那答案就是前者。但事实上，我们希望的是，能引领你不断走向更加深入的探索。"

致力于自修英语的这些时间里，他从来没想到过他的第一句口语会是对着一群古老的天文仪器说的。"You are so beautiful！（你们真漂亮！）"他对它们说。

他说得一点不错，这些古老的天文仪器在刻度、游表、结构等方面，反映的是欧洲文艺复兴以后大型天文仪器的进展和成就，在造型、花饰、工艺等方面又同中国传统文化完美相融。正是因为它们太完美，才在八国联军入侵北京时惹来了掠身之祸。那期间，它们被掠夺一空，后来还是迫于世界舆论压力，法国、德国才陆续将它们还给了中国。

南仁东最喜欢明英宗朱祁镇的《观天器铭》。第一次去，他摸着它们一字一句诵了两遍。第二次去，他便将这篇铭文抄到了日记本上。第三次去，他就能背给它们听了：

北京古观象台，世界上最古老的天文台之一，幽静、肃穆地矗立在城市的繁华间，好像与时空
进行着某种无言的交流

粤古大圣，体天施治，敬天以心，观天以器。厥器伊何？璿玑玉衡。玑象天体，衡审天行。历世代更，垂四千祀，沿制有作，其制寝备。即器而观，六合外仪，阳经阴纬，方位可稽。中仪三辰，黄赤二道，日月暨星，运行可考。内仪四游，横箫中贯，南北东西，低昂旋转。简仪之作，爰代玑衡，制约用密，疏朗而精。外有浑象，反而观诸，上规下矩，度数方隅。别有直表，其崇八尺，分至气序，考景咸得。县象在天，制器在人，测验推步，靡忒毫分。昔作今述，为制弥工，既明且悉，用将无穷。惟天勤民，事天首务，民不失宁，天其予顾。政纯于仁，天道以正，勒铭斯器，以励予敬。

时间长了，他跟它们便成了朋友。有两次，南仁东去的时候带上了画板，他在那里替它们画了一整天的像。又有两回，他去时带了小提琴。他站在观象台上为它们拉琴，还被游人误以为是卖艺的，不仅招来了围观，还挣了一笔零花钱。

大学毕业的那天，他又去了。他没带画板也没带小提琴，他要给它们看的是他的毕业证。此行的目的主要是告别，他要告诉它们，他毕业了，今后就不能常来看望它们了。

那天下午，他陪它们坐到天黑，坐到夜空布满星星。那时候，他觉得观象台就像一位老人，一位在这里仰望了 500 年天空的沧桑老人。

4

毕业后，南仁东被分配到吉林长白山一家无线电厂工作。在那里，他度过了一生中最庸常的十年。开山放炮、凿水道、电镀、锻造，他把自己变成了一个"万金油"。照着父亲的指引，他到了一个国家更需要他的地方。可他又不得不承认，在那段日子里，他的使命感变成了一个愣头愣脑的家伙：看见别人高呼，它也跟着高呼，发现别人奔跑，它也跟着奔跑，累了就闷头睡大觉。因此他也跟着它东一榔头西一棒子，平平庸庸地过了 10 年。

这十年光阴过去，南仁东已经 33 岁。那是 1978 年，国家已恢复了高考制度。对于一个学霸来说，那无疑是一声"起床号"，他的心在沉睡中被猛然唤醒：他知道自己最喜欢的是什么了——是的，他喜欢的是在知识领域里长跑。南仁东必须去考研究生，才能满足内心的渴望。而且，他的志向在太空，只有那个无垠而广袤的太空，才是他一直在寻找的挚爱。

"我决定考天文学。"他在第一时间，把这个决定第一个告诉了他的妻子。就像他决定放弃保送那一次一样，妻子说了跟母亲一样的话："你可想清楚了？"

他说："我比任何时候都清楚。"

妻子说："可你知道，天文学是很难考的。"

他说："南仁东什么时候害怕过考试了？"他用的是半认真半开玩笑的口吻，因为妻子历来反感说大话的人。他明白妻子接下来会说什么，因此说完话便保留着那一半儿玩笑表情，等待着妻子的那句话。

果然，妻子说："最好是考上了，才说这样的话。"

妻子属于那种知书达理、处事谨慎、凡事都很低调的人。而南仁东却又属于热血型，心血来潮时会蹦出一两句惊人之语，做出几件惊人之举，那是再寻常不过的事情。这时候，妻子总充当那个泼冷水、让他保持头脑清醒的人。作为他的妻子，她了解南仁东胜过了解自己，信任南仁东也胜过信任自己。但作为一个贤惠的妻子，她还应该在默默支持丈夫的同时，保证自己是他身后最冷静的那个人。

她说："这些年，你可没少折腾。折腾绘画，捣鼓音乐，但我从来没看见你对天文有过兴趣。"妻子是在提醒他：她明白，他这么多年的折腾都是在琢磨和寻找自己的最爱，可难道这些年不再仰望星空的一个人，他的心最终竟然会属于那片他近 20 年不曾回眸过的太空？

南仁东说："谁说我对天文没有过兴趣？"他其实还想说"这些年里，我也没少像孩提时代那样望着星空发呆"，但他没说。毕竟这样的话从一个 30 多岁的男人嘴里说出来，是要遭到嘲笑的。末了，他说了一句无可辩驳的非常现实的话："我这十来年，不都在跟无线电打交道吗？"

妻子开玩笑说："可我如果没记错的话，你当初可是被迫接受这个专业，而且这些年来，你一直都没表示过你有多喜欢它。"

南仁东说："我们的确不喜欢把命运交给别人去安排，但也不能说每一种安排都是错误的。打个包办婚姻的比方吧，男女双方互不相识、互不了解，父母包办，两人被安排到一起过日子了。于是，有的人一辈子都没付出感情，而有的人过着过着就有了感情了，还有可能突然发现，对方其实正是自己喜欢的那种类型。我就是后面这一种情况。"

顿了顿，他接着说："中国的父母，包办婚姻都要讲生辰八字合拍，对吗？他们不管两人是不是相爱，但他们一定要管生辰八字是不是对头，这说明他们也不是完全不负责任的。我这样儿，就是被看过生辰八字的。"

玩笑开完了，他才又正经起来，说："再说，你知道我这个人的天性，我不是那种安分的人，我喜欢探索。那么对于我这样的人来说，宇宙才是最具吸引力的，不是吗？"

就这样，他报考了天文学，并成功考取了国家天文台天体物理的研究生。到中科院报到的那天，他又去了古观象台。十多年后的久别重逢，他激动地把自己的指关节捏得"咔咔"直响。他一一把它们轻轻摸了一遍，就算是久别重逢的亲密拥抱了。

他对它们说："我又来了。我这次来，是要告诉你们，我将和你们一样，把我的一生投入到天文事业。"

那之后，南仁东便作为国家恢复高考后中科院招收的第一批研究生，在新中国成立后建起的第一个天文观测站——沙河站，开始了他的天文人生。

第二章

——

祖国的召唤

"科学没有国界，但科学家有祖国。"

20世纪90年代，南仁东曾在日本国立天文台任客座教授，薪资是国内的300倍。可南仁东并不能心安理得地享受这种优厚的待遇，因为他牵挂的是祖国，是祖国的科技发展，是祖国和人民在世界的地位。生为平凡，却不甘平凡，他是一个愿意把全部的生命和热情，都奉献给祖国和人民的天文科学家。

1

当一个人的目标明确后，他的心便不再左顾右盼，他的步子也必然从容而坚定。

在开始天文人生的第一段道路上，南仁东遇上了一次难得的出国访问的学习机会。那个好消息，是伴着一场阵雨来的。

那天中午，北京的天空突然滚过厚厚雨云，几声雷鸣过后，阵雨哗啦啦就下来了。天空被压得很低，雨雾弥漫的东城区能见度很低。南仁东去学校的时候没有打伞，而是穿了件雨衣——那种曾经非常时尚的军用雨衣。他走在前面，他的导师走在后面，两人相隔不到十米远，却在进了教学楼后才发现了彼此。

他是因为没回过头，不知道导师就在身后，而导师是因为他穿了件雨衣，根本就没认出他来。

进了教学楼，他摘下帽子，导师也收了伞，两人这才愕然发现了对方。也就是在那个时候，导师告诉他，有一个到国际著名的射电天文研究中心荷兰ASTRON访问的机会，问他有没有兴趣。他当然有兴趣了，他差一点就高兴得跳起来。可导师又不得不告诉他，因为他只是个研究生，要去的话，是坐不了飞机的。南仁东当时想都没想就问："为什么一定要坐飞机呢？"导师大概误以为他根本就不知道中国离荷兰有多远，根本就料不到，如果不坐飞机的话，那得在地上跑多少天。导师觉得自己有必要提醒他：如果他要去，就只能坐火车横穿西伯利亚，经过苏联、东欧几个国家，才能到达荷兰。可没想到，南仁东还是一脸无畏地回答："那又怎样？这可是多么难得的一次机会呀！"

是啊，虽然中国到荷兰的这段距离远了些，但那是一次跟星空最近距离的对视机会呀！他当即就向导师表示：他不愿放弃这次机会。

就这样，南仁东开始了他的第一次国际长途旅行。可出乎意料的是，旅途劳顿根本就不算什么，令他无语的是过境苏联、东欧几个国家的时候，边防海关人员竟然向他收费，不给钱就过不去。这么难得的一次访问学习机会，怎么能半途而废呢？他只好给钱。

南仁东身上所带的钱并不多，给了他们，就买不起去荷兰的车票了。那年头可不像现在这样，发个微信就可以求助，南仁东数了数身上仅有的钱，进了就近的一家超市。他用剩下的钱买了纸和笔，走出超市便设了个画摊儿。他想，好吧，学了这么多年的绘画，总算能派上用场了。

可他那画摊儿也实在是简陋，以至于不管他怎么吆喝，都没人相信他可以为人画像。

那天的太阳还真有劲儿，一个上午下来，把他晒得像刚出锅的油果子。可到这份儿上，他的生意却还没有开张。他主动替人画的几幅肖像，都没能挣到钱。原因是别人并没有要求你画，你自己画了，人家就认为没理由给你钱。好在他的像画得好，那几个不花钱就得到了一张画像的人，无意间替他打了广告。陆续地就有人来找他画像了。就这样，他靠替人画像挣足了前往荷兰的车票钱，终于到达了荷兰。

那年头，很多荷兰人，甚至一些ASTRON的天文学家，都对中国持有偏见，交谈中时常惹恼南仁东。他从来不怵他们，有不同意见就和他们辩。可谓"不打不相识"吧，最后，那些个跟他争论得最激烈的，访问结束后竟都跟他成了很要好的朋友。

当然，这仅仅是个开始。自那之后，南仁东便在自己的学术领域开始了如老实农民一般的本分耕耘。

1984年，他开始使用国际VLBI（甚长基线干涉）网对活动星系核进行系统观测研究。在这一领域的早期发展阶段，他主持完成了欧洲及全球网的十余次观测，在国际上首次将VLBI"快照"模式应用到了天体物理观测领域。他发展出的VLBI混合成图，达到了当时国际最高动态范围水平，而后建立的国内相关后图像处理中心，使20世纪80年代我国国内进行VLBI数据分析成为可能。

就是说，这位本分的庄稼人，终于可以在自己的庄稼地里种庄稼了。而他也成为一名驰骋于世界天文领域的一流科学家。

2

因为南仁东很厉害，20世纪90年代，日本国立天文台聘他为客座教授，给他的薪资待遇是国内的300倍。很多人对此羡慕不已，但事实上，那段时间他并不像别人想象的那样开心。

当时的中国，没有自己的先进天文设备。我们的天文学家要想对太空来一次观测，就得跟其他国家借望远镜。而他们每次申请使用望远镜的时间，都非常受限。要是能拿到一个小时的观测时间，就已经算是非常幸运了。

这种情况下，我国的天文学家们怎么能有自己的天文观测数据呢？因此要使用数据，就得用国外已经被人使用过的。这有什么办法呢？就像一群庄稼把式，空有一腔种地的热情，却苦于没有自己的锄头和犁，想种点儿什么，都得去跟人借工具，既不方便还要看人脸色。而南仁东就像是一位外出做了长工的兄弟，虽然自己过上了可以果腹的日子，但一想起家里的窘境，便没法心安。那期间，如果你看到他在画画，那一定是为了平息内心那份不安；如果你看到他在拉琴，那也是因为他想家了。有时候，他正上着课，却突然因为自己说起的某一个敏感词汇，而突然就少了讲课的兴致。他甚至可能陡然间扔掉粉笔头，对学生们道声"对不起"，走到教室外暗自神伤起来。

这时候的他，已经在国际天文界很有名气，圈内人也都非常赏识他，但在日本的那段时间，他给人的感觉却不是那么乐观。

假期回国，几个老朋友总是要聚一聚的。中年男人们的聚会，话题总是离不开工作环境，离不开工资待遇。人生已经过去一半，有追求也好，没志向也罢，也都奋斗了半生了，小结一下是自然而然的。南仁东毋庸置疑地成为大家羡慕的对象，因为在老朋友们看来，名和利都站到了他那一边。

"你说我们都混成个啥样儿了？看看人家南仁东吧，世界有名的天文学家，日本国立天文台客座教授，月薪是我们这伙人的 300 倍。"

"他可是我们的骄傲啊！"

"不光是我们这帮人的骄傲，还是中国人的骄傲啊！"

这些话本来是老朋友的一片肺腑之言，可南仁东听来却非常受惊。每一次，他都能吓得白了脸，连忙摆手叫停，说："你们赶紧打住吧，再这样说下去，我只好跳楼算了。"

人家以为，这都是因为他谦虚惯了，不习惯听这种溢美之词，便说："你名副其实，谦虚个啥呢？"

他却跟人家急："我什么名副其实呢？"

人家奇怪了，说："你的名气呀，你的工资待遇啊，难道不是名副其实？"

他还急，说："那些是不假，可难道个人有点儿小名气，拿份高薪就够了？"

人家就问："那你还要什么？"

他却不知道该如何回答了。是啊，对于大多数人来说，个人名利不就是毕生追求吗？好在朋友们都知道他不属于那大多数人，稍想一想，就都能理解"壮志未酬"的那种不甘。可他们还是想不明白，如果南仁东的梦想是做一位天文学家，那么他已经做到了，又为什么还对自己那么不满呢？人到中年，就都变得很现实了，他们都劝他："够了够了，人要知足。"

他自嘲地笑笑，说："要是只论薪水待遇，我确实应该知足。"

"可我们都到这把年纪了，你还想论什么呢？"他们问。

"更何况，你南仁东不光是薪水高，还实现了自己的梦想，最终成了天文学家。"他又把老朋友们惹急了。

可南仁东说："成了天文学家又怎样？我们这帮天文学家想做一次天文观测，都得去借其他国家的望远镜。我们想用观测数据，都是捡别人用过的。难道成为一个天文学家的最终目的，就是到其他国家的天文台做个客座教授？"

到这份儿上，老朋友们似乎终于有些理解他了。

他们小心地问他："那你想怎样？"

而这时候，他的心思已经飞到了很远，飞到了那些个心事重重、不能成眠的夜晚，飞到了那些突然不想说话、突然变得黯然神伤的时间碎片之中。关于自己想怎样、想做什么的问题，他的确有过认真思考。但又不得不承认，大多数时间他都处于现实与梦想的矛盾之中。没有人知道，有一个叫"发奋"的心结，一直梗在他心里。那些夜不能寐的时间，那些沉默寡言的时间，正是这个心结最活跃的时候：我们一定要有自己的先进设备。可是，想要自己的国家拥有世界先进的天文设备，可不是仅仅发奋就可以了的，还需要国力的支持。

1993 年，无线电科学联盟第 24 届大会在日本召开，射电天文专门委员会专门组织了一场题为"第三个千年的射电望远镜"的学术报告讨论会。这个讨论会专门讨论了下一世纪射电望远镜的发展前景。

南仁东当时作为中国代表参加了这个会议，一起出席这次会议的中国代表还有北京天文台的吴大伟，跟南仁东是老同事了。如果南仁东是那位出门做长工的兄弟，吴大伟便是留在家里跟人借锄头种地的那位窘迫大哥。因而如果这个会能开得让他激动起来，他相信吴大伟也能激动起来。还在会场上，他就不住地找吴大伟，他希望能跟他对上眼，产生共鸣。可吴大伟坐得离他较远，而且吴大伟一直认真地盯着主席台，南仁东根本找不到跟他对视的机会。因此，休会时间他便迫不及待地找到吴大伟。他有些按捺不住激动地说："老吴啊，咱们也建一个吧！"

吴大伟虽然从这个会上得到了许多鼓舞，但他并不像南仁东那样早已有建造方面的考虑。或者说，他们两个的梦想并不在一个方向。因此听他这么一说，吴大伟还是稍稍显得有点意外："咱们也建一个？"

他说："是啊！"

吴大伟问："建望远镜？"

他说："那你认为我们会想建一个什么呢？别人都有自己的大设备，可我们国家最大的射电望远镜口径只有 25 米。"他的意思很明白：大家都在盼望有一个像样的望远镜。

吴大伟当然明白南仁东的意思，他甚至也因这个想法而有些激动。他问：

"你想建多大一个？"

但是激动之余，他还是希望南仁东能够清醒一点："成立这个'国际无线电科联大射电望远镜工作组'的决议半小时前才通过，大型望远镜的科学论证及可行性方案论证的研究要这个会后才正式开始。"

南仁东说："那又怎样？咱们要建就建个全世界最大的，一个比'阿雷西博'还大的，500米口径的，如何？"

吴大伟给惊得两眼发直，他没想到南仁东的心思会这么大。他说："你以为建一个射电望远镜那么容易吗？"

南仁东说："我当然知道不容易，但我们不能因为不容易就不建呀。我也不是一时心血来潮，我可是琢磨了很久了。没有自己的望远镜，我们这帮天文学家……能干什么呢？"

吴大伟静下心来想想，觉得南仁东说得在理，便回答他说："想法很不错，可也不是想建就能建的。要不，我把你这个建议带回去，大家合计合计？"

吴大伟大概没想到南仁东会像个性急的孩子那样，他刚回国没几天，南仁东就把国际长途打过来了。没办法，吴大伟就在台里一次重要的会上专门把南仁东的想法提了提。可当时大家都一致认为：想法倒是好，可要建那么大个射电望远镜，起码得投资几十个亿，很显然那几乎就是异想天开。

那之后，南仁东再打电话过来，吴大伟只好把这个结果反馈于他。南仁东似乎给这个结果打击得不轻，往后再不打电话找他了。

3

在日本工作期间，南仁东画过一幅《富士山》。那是一幅油画，而且被日本国立天文台公认具备了大家水平，因此台里决定将其挂在天文台大厅。画挂好后，他受邀去看效果。但到了那里，他心不在焉地看了一眼便走了。他是着急要往北京打个重要电话。这个冲动已经产生过好几次了，前面几次都被他压了下来，因为他多次被朋友告诫：你可别犯傻。这一次，他不想再犹豫了。

1994年，南仁东的确变得热衷于往国内打电话了。他人虽不在北京天文台，可心还在。那里有他曾经的同事，他打电话问他们过得怎样，同事们当然知道他问的不是日常生活，而是事业。两个科学家，在国际长途通话中，会去聊家常吗？可对于一帮没有称手家伙的天文学家来说，又能聊什么事业呢？电话那边一律都很灰心，他问："最近怎么样？"那边就说："能怎么样呢？还那样呗。"

他在这边沉默。

那边也跟着沉默。

完了他沉不住气了，问："台里有没有别的动静？"

那边说："你指什么？"

他说："大望远镜，有人想过吗？"

那边终于笑起来，说："我们倒是听说你想建一个，还是500米口径。至于我们，没敢想过。"

他问："你们想不想我们有一个自己的大射电望远镜？"

那边想都不想就说："想啊，怎么不想？可是，想跟建是两回事儿。"

他深吸了一口气，问："你说，我是不是干脆回来算了？"

那边忙说："你可别犯傻啊，好好的你回来干啥？！"

劝他"别犯傻"的人多了，他便一直推迟着一个重要电话。同事、朋友可都是为他好，都是希望他以自己的利益为重。可他发现利益并不能给他带来幸福感，相反，他在这里待的时间越久，就越觉得煎熬。于是，他将希望转向妻子，他希望能从她那里得到支持。

那是一个晴朗的天气，东京的天空一碧如洗，可南仁东的心情却怎么也晴朗不起来。电话听筒被他拿起来又放下，拿起来又放下。他担心自己的想法遭到妻子的反对，毕竟他的决定将让他失去一份高薪。这份高薪对于理想主义的南仁东来说，可以不重要，但对于一位成天被现实生活浸泡着的家庭主妇来说，意味着家里的开支能宽裕一点，意味着孩子们的食谱可以丰富一点、营养可以充足一点。就南仁东家里的情况而言，大女儿的孩子还小，二女儿刚怀上孕，他的这份高薪有的是用处。虽然妻子半辈子来从没反对过他的任何重大决定，可他除了是位天文学家以外，还是一位丈夫，一位父亲。这也是他在电话机前犹豫不决的主要原因。他做事从来都果断干脆，但给妻子的这个电话，他却犹豫到晚上，才终于拨出去了。

"睡下了？"他问。

"没哩，正给老二炖汤，好让她明天带到单位。"南夫人在那边说。

"炖的什么呢？"他问。

"老母鸡，加了点儿黄芪。"说完，南夫人问，"你怎么样？"

那时候他心里像打翻了五味瓶似的，可他还是把话说了出来："我想回来。"

南夫人以为他是想家了，说："不还没到假期吗？"

他说："我说的是回国。"

南夫人有些意外，问："回国？"

他说："是的，回国。"

妻子有时候会变得更像母亲，南夫人第一时间竟然担心的是他在国外受到了怠慢，可能灰了心。她问："那里待你不好？"

南仁东说："这里待我很好。"

南夫人说："那你怎么想回国？"

他沉默了一会儿，说："我想回来建望远镜。"

南夫人说："你要建望远镜的话也传到我耳朵里了，可我听说你的心太大了，你的想法没人支持。"

南仁东说："的确是这样，可我还是想回来。我想我回来了，大家可能就会支持我。因为，这毕竟也是大家的愿望。"

他接着说："你想想啊，我光在东京这边提想法，别人哪来的劲儿支持啊？可我要是回来了，把这事儿正儿八经提起来了，就肯定会有人跟随我一起干了。"

南夫人在这边沉默了良久，又说了那句老话："你想清楚了？"

南仁东说："你无非是想对我说，回国后工资可要少一大截。"

南夫人说："我倒没你想象的那么狭隘。"

南仁东说："别人可都这么说，他们通通叫我别犯傻。"

他还说："我回国后，你就得从牙缝里省钱给孩子炖汤了。"

南夫人又沉默了一会儿。她大概利用这个时间做了一番权衡和思考，而后才给了他结果："那就从牙缝里省吧。"

放下电话，南仁东双手紧捂着脸做了一次长达一分钟的深呼吸。那次深呼吸令他全身振奋，似乎他就是一只气球，深呼吸能令他充实饱满。第一次，他像个流浪在外的无助的孩子终于听到了母亲的召唤一样，忍不住喜极而泣。

第二天，也就是日本天文台将他的油画挂到大厅墙上那天，他终于拨通了中国科学院的电话。

他说："我决定回来。"

第三章

——

梦的触觉

人类从来没有停止过对星空的向往，射电望远镜是人类伸向太空的触觉，是我们投向宇宙深处的视线。是它引领我们深入到广袤的宇宙，探索地外文明，发现地外生命。是它告诉我们：外星人不是科学幻想，多宇宙也不再是假设。通过射电望远镜，人类正在一步一步走向宇宙深处，发现一个又一个的惊喜。

1

1994 年 3 月的一天早上，南仁东一身洋装出现在中国科学院院内的小道上。他没想到，他那身打扮竟然让迎头碰上的同事都不敢相认了。他老远就跟人家笑着打招呼："好啊，老刘！"

老刘也说"好啊"，却没认出他是谁来。

"盯着看什么呢？不认识我了？"他一脸轻松地站定。

于是老刘站住了，盯着他看了半天，才终于认出他是谁来了："啊呀，是老南啊！"老刘赶紧伸出手，两双手紧紧握在一起，两人不住地互相打量。

"你可变了点儿，好像添了几斤肉，哈哈。"南仁东说。

老刘说："你也有了变化，变洋气了，哈哈。"

绿树掩映之间，带有中国科学院字样的石刻静静地竖立着。微风吹过，石头周围的青草上下起伏，好像一个久违的老朋友在招手示意

两人这才放开了对方的手。

老刘说："这是什么情况，这个时候你不在日本，怎么在这里？"

南仁东说："我回来了。"

老刘问："回来了是什么意思？是回来度几天假，还是……"

南仁东说："回来工作。"

老刘喊起来："啊？！还真是啊！我是听说过你要回来的传言，没想到是真的！"

南仁东说："我都站在你跟前了，难道还是假的？"

出于突然的肃然起敬，老刘再一次抓住了南仁东的手摇起来，不住地感叹道:"不容易啊,老南你太了不起了!"

南仁东开玩笑道:"这话又从何说起呢?"

老刘说:"做出这样的决定需要勇气呀。"

南仁东开玩笑道:"没听说回个家还需要勇气的,我又不是被打出去的。"

老刘说:"你说得轻松啊,我们可都是年至半百了,考虑问题跟年轻时不一样了。"

南仁东对着老刘当胸就来了一拳,随后哈哈大笑道:"你老了吗?我又老了吗?哈哈,没有啊。"

于是老刘顺口就拣了个轻松话题,说:"那首歌怎么唱的?"这么说着,他竟然唱了起来:"洋装虽然穿在身,我心依然是中国心……"

南仁东哈哈大笑道:"你可别拿我打趣,我得赶紧报到去,安顿下来咱们再好好聊。"

就这样,两人分了手,各自忙去了。

他赶着要去的,是周光召院长的办公室。知道他今天来,周院长早就等着他了。他一跨进办公室,周院长那双温暖的大手就跟他紧紧握住了。

"回来得好啊!"周院长说。他可是一头华发了,南仁东从他的眼神里看到的全是父亲一般的慈爱。这情景多像是游子回家,回到父亲跟前的场景啊。南仁东禁不住眼眶发热、鼻子发酸。

落座后,周院长说:"你要回来,我们是打心眼儿里高兴啊。两天前我们就开了个会,专门讨论了你的事儿。大家都认为,应该给你一个好待遇,要不然对不起你这份心啊。"

南仁东忙说:"不用不用,我这就是回家,我是回家呀。"他都急得站起身来了,似乎他站起来就可以阻止这件事情发生。

可周院长又按着他的双肩,让他坐下了。周院长说:"也不是什么大不了的待遇,也就是安排你在天文台那边任个副台长。"

南仁东说:"我这次回来,不是来跟院里要职位的,我只是想……建一个望远镜。"

周院长说:"你的想法我都知道了。这个副台长你也不要推了,当副台长跟建望远镜又不冲突。更何况,建一个望远镜也不是你一个人能完成的事儿,你当个副台长,也方便号召个人什么的,不是吗?"周院长从语气到表情都充满了慈爱，因而南仁东也就只能诚惶诚恐地点头了。

他说："能得到院里的支持太好了，我别的都不想，就想在我们的国土上建一个大望远镜。别人都有大设备，我们没有，所以我很想建一个。"

他的话让周院长联想到一个场景：自家拮据，儿子们写字只能捡别人扔下的铅笔头。捡了这么些年，其中一个终于发奋要自己买一支像样的笔了。作为国家科学院院长，南仁东的话令他振奋而欣慰。他站起身快速走向办公桌前，却又突然从那里折了回来。他没有再次坐下的意思，他看上去已经显得比南仁东还性急。他就那样弯下腰，看着南仁东的眼睛说："那你就甩开膀子干吧，院里绝对支持你的想法。"

于是，南仁东再没有坐着不动的理由了。还等什么呢？他站起身，紧紧握了握周院长温暖的大手，给了他一个充满决心的眼神，而后离开了那间办公室。他没有回头，但他能感觉到，周院长充满期望的眼神一直跟随着自己的背影，直到自己走出他的视野。

2

不得不承认，南仁东的想法，令整个天文台都激动了一下。之所以说是"一下"，是因为通过论证之后，别人都望而却步了。正如只有南仁东才敢提出这样的想法一样，最后依然坚持这个想法的也只有南仁东了。

要在自己的国土上建大射电望远镜，对于这帮"捡了多年铅笔头"的天文学家们来说，当然是个振奋人心的消息。在南仁东主持的第一个动员会上，在场的科学家们全都面色红润、目光闪亮。那都是因为他们很大程度上受到了南仁东这个大胆想法的激励，却又必须保持科学家的内敛和清醒。他们不能像一般人那样，一激动就跳起来，就高呼"早就该建了"，就大喊"要建就建一个比'阿雷西博'还大的"。科学家的头脑都是理智的，在国际无线电科联第24届大会刚落下帷幕之际，又听说了南仁东的设想，他们开始了严肃的思考。因而，他们即便激动，情绪也是在自控之下的。就是说，他们那一张张红脸是憋出来的。

南仁东当然很清楚这一点，他像了解自己的兄弟一样了解这帮天文学家。他知道，他的想法要得到支持，就必须给足他们理由。这就意味着，动员会并不是简单意义上的鼓动会，不是喊两句口号，不是一呼就能百应。事实上，他一开始就把这个动员会当成了研讨会来开，他在会上谈到了世界天文界当时的共同愿景：科学家们期望，在电波环境被彻底破坏之前，真正看一眼初始的宇宙，弄清宇宙是如何形成和演化的；也谈到了科学家们的担忧：如果失去这一机会，人类就只能到月球背面去建造望远镜；还谈到了这些年来，世界射电天文技术的进展和我国射电天文技术的落后，谈到了国际无线电科联第 24 届大会上的设想，谈到了这个大射电望远镜对于我国的重要意义。

他能想到的是先用国际天文大形势把大家激活了，激发出冲动，再来谈他的设想。

国际无线电科联第 24 届大会最初的设想是：LT 或 NGRT 以高红移中氢性、远宇宙天体、原星系和原星系团的观测为主要目标，用分布在 30—50 千米至 200—300 千米的 30 余个群集单元组成总的射电望远镜，每个群集单元的直径大约为 300 米，电磁辐射接收面积约 1 平方千米，实现最大可能的天空覆盖和跟踪范围，为天文学界提供巡天、基本阵、扩展阵、VLBI 组等多种观测模式。

也就是说，当时的国际主流是建造大数量小口径望远镜阵列。可根据分析，这种大阵容的望远镜阵列，需要大面积的荒无人烟的开阔地，而就我国的情况而言，不光这样的地形难找，而且地质条件、工程成本和难度将会比建一个单口径的大望远镜还高。

大好的国际天文形势说明，当时正处于建设大望远镜的大好时机，此时不建更待何时？但是根据国情，我国只适合建一个单口径的大望远镜，这就是为什么他要提出建一个单口径大望远镜的理由。而如果我们要建，为什么不建一个世界最大的？大国当有重器，不是吗？因此，这个动员会的中心题目还是单口径大望远镜。而且，它的口径是 500 米。

"就 500 米。我们要建，就建一个 500 米口径的。"他说。

台下自然是嘘声一片。

要知道，当时世界上最大的单口径射电望远镜在美国，叫"阿雷西博"，球面直径 350 米，是当时世界射电天文界最领先的一台设备。而当时我国最大的射电望远镜，口径仅为 25 米。很显然，这个巨大的差距，的确是我们必须奋发赶超的理由。用南仁东的话说："我们做了多年跟跑者了，是不是应该考虑做一回领跑者呢？"可同时，这个差距体现的又是一个显而易见的问题：要想赶超这段距离，谈何容易。

"为什么一定要建那么大？"有人小心翼翼地问道。

他回答说："500米口径的射电望远镜能接收到来自137亿光年之外的电磁信号，这几乎就是宇宙的边缘。如果我们建成了这么一个射电望远镜，就意味着宇宙对于我们没有了死角。"

台下出奇地安静，只有那些被震撼了的心在怦怦跳动。

他说："我们不是一直苦于没有自己的先进设备吗？建成了这么一个大家伙，我们就是全世界看得最远的！"

是啊，照他这样说，还用问为什么要建这么大吗？

可是，如此巨大的射电望远镜，不光要面临设计建造技术方面的诸多困难，地质条件和巨额的资金投入也是两个相当大的难题。

于是，台下依然静默，时间仿佛要将那一瞬间定格为永恒，不再流动。在巨大困难面前，少有人相信这是一个可以完成的项目。保持沉默，意味着科学家们刚刚被点燃的激情又给吹灭了。

对于南仁东来说，这个动员大会最大的收获就是清楚了这个项目所面临的各种困难。出于对他的负责，科学家们认真地分析了各个环节可能面临的和明摆着要面临的难题。就是说，如果南仁东只是一时心血来潮的话，他们就必须让他清醒：这是一个几乎没法实现的大梦想。

可南仁东要的不是这个，他要的是大家的支持，要的是团结一致的奋斗。作为一位严谨的科学家，在提出一个大胆的设想之前，不可能不知道它将面临的各种困难。

这个会议的结果令他很受打击，会开到最后他不得不对大家说："我一开始想的，就不是要架一口煮饭锅。"换成别的场合，这句话完全具备了玩笑的元素。可那会儿，他可是沉下脸说的。他实在是很失望，但同时他又不得不承认，正是因为科学家们都恪守了严谨的原则，才是这样一个结果。科学离不开大胆想象，可也必须正视它的可行性。

散会后，台下的人陆续走光了，南仁东一个人还坐在台上发愣。离开时，几乎每个人都会看他一眼，但那一眼之后，还是把他一个人留下了。

3

第二天上班，南仁东不去自己办公室，而是往别人的办公室去。副台长驾到，对方做的第一件事就是让座、泡茶。可他不坐，也不喝茶。他直接提问："你真的认为这个项目没有可行性？"

人家很认真地回答他说："是的。"

人家以为，他不过是想确认一下，完了就该走了，或者就该坐下来喝茶了。可他不喝茶，也不走。他杵在那里，眼睛还盯着人家。这样人家就还得再进一步说细一点了。

"500米口径的望远镜，得挖多大一个坑呢……"

可人家刚一开口，就给他打断了："你说说建议吧，面对这样的情况，你就没个好建议？"

"我们可不可以考虑建一个小点儿的？"

"不考虑。要建就是500米大的。建一个小点儿的没有意义。"他说。

他还说："如果我们想在电波环境被彻底破坏之前，真正看一眼初始的宇宙，弄清宇宙是如何形成和演化的，就必须得有一个500米口径的射电望远镜。如果我们不想今后跑到月球背面去建造望远镜，就必须抓住这次机会。"

接着他又说："干什么没有困难呢？吃个饭还要张嘴呢。我要的是解决困难的建议，你们给点儿建议吧。"

"那……你带我们去抢银行吧，先把挖坑的钱抢足了再说。"到这份儿上，人家只能说俏皮话了。这当然不是好建议，他掉头就走。

回到自己办公室，却又一分钟都坐不住了，屁股还没坐热，他又抬脚去了别人的办公室。

"说说吧。"他没头没脑就来这么一句。

对面那人愣住了，但很快就明白他指的是什么了，就说："不光挖那么大个坑儿需要巨资，就是满足台址几千米半径内不能有电磁波干扰这个条件都很难。"

"说点儿建议。"南仁东耐着性子说，"我想要的是克服这些困难的建议。"

但他看到的是对方在摇头。

他又走了，留下人家杵在那里发愣。

那些天，他看上去就像一只被当头一棒打昏了的兔子，东一头西一头地在办公大楼里乱撞。

那阵儿过去，大家都看到了他的变化：人邋遢了，那身洋装没影儿了，人也憔悴了。于是，很多人因此而变得爱摇头了，看到南仁东时摇头，背后说起他时也摇头。

"老南是中了大望远镜的毒了！"

"老南是被那只大射电望远镜的魂附体了！"

科学家们都生出了同情心，一些人暗地里开始替他动脑筋，希望能帮他一把。于是，情况发生了逆转：别人又变成被当头一棒打昏了的兔子往他办公室撞。

"我在想，如果能多拉上些合伙单位，说不定就能成哩。"

"要不，我们找一个天然的大坑给望远镜安家如何？'阿雷西博'不就是这样吗？这样不就可以省去那笔挖坑的钱了吗？"

这些的确是好建议，但去哪里拉合伙单位？又去哪里找这个天然大坑呢？

他们说完，还没等别人回应，思前想后，自己先泄了气，最终他们改变了来这里的目的，由出主意变成了劝南仁东放弃。

他们说："要不就等等吧，等时机成熟了再说。"

如果自己来这里说的都是废话，也是一件令人十分惭愧的事情。走的时候，有人就把抽剩下的半包烟留给了南仁东。都知道他抽烟，这好歹算是表示歉意。南仁东也从来都不拒绝，既然留下了，他就拿起来抽上。"吸烟有害健康"不光是写在烟盒上的一句警示语，也是人人都知道的道理。据世界卫生组织不完全统计，全球每年因吸烟死亡的人数已经达 600 多万。南仁东一个人顶着个建 500 米口径的大望远镜的梦想，健康问题早已经被他置之度外了。他想：如果此生建不成大望远镜，长寿又有多大意义？只要此生能建成大望远镜，癌症又有何惧呢？

可他不在乎，并不等于别人也不在乎。他烟抽得太凶，同事们就关心上他的健康问题了。只要看见他在抽烟，他们就必然要劝，在办公楼里看见要劝，在路上看见也要劝。

"南老师，你还是少抽点儿烟吧，烟抽多了损害健康。"

"老南哪，虽然我们都知道你压力大，但烟还是少抽为好。"

即便曾经留过半包烟在他办公桌上的人，也都这么劝。面对这种关心，他从来都是点点头笑一笑，或者就是"哦"一声了事。见收效甚微，有人又迂回到了他妻子那里，让她多劝劝南仁东，再这么下去，南仁东都快把自己变成烟囱了。

可那之后依然看不到他的改变，他依然还是根烟囱，一根移动的烟囱。有人就生气了。当然不是因为他给南仁东熏恼火了，主要还是关心他的身体，说："老南，你这人怎么就听不进劝呢？"

南仁东说："你让我不抽烟怎么行？我要想事儿啊。"

人家问："你要想啥事儿啊？"

他说："想那个大家伙啊，我们的大望远镜啊。我最近在寻思，得给它起个名儿，有个名儿好叫。"

人家头晕似的一拍脑门，喊道："你还想那事儿啊？不是时机不成熟吗？"

他说："时机是不成熟，但我想先干起来再说。"

人家就无语了，脑子里只有一个词：走火入魔。

他却满眼期许地问人家："你说给起个啥名呢？"

人家叹口气，说："老南哪，起名的事儿还是你自己琢磨吧，我倒是替你想到了一点，你看，是不是可以利用一下贵州的喀斯特地貌？那里不有许多天然的坑儿吗？"

南仁东愣了一下神，而后他的眼睛一点一点变大，大到不能再大的时候，他突然大叫道："你怎么不早说？"

4

只要目标明确了，走路就不需要认真穿鞋吗？南仁东就是这样认为的。他走进中科院遥感所的时候，就趿拉着一双拖鞋，再加上一身邋里邋遢的短打，第一时间，所里的同事们还以为闯进来一个民工。

向南仁东提出可以试试用喀斯特地貌作为台址的，是台里还很年轻的副研究员彭波。这次来遥感所，彭波自然是领路人。他们是来求助遥感所为那个大射电望远镜找台址的。在遥感所的同事们看来，彭波倒还是个博士的样儿，可南仁东就只能让人联想到农民工了。反正那一刻聂卫东就是这么认为的。聂卫东是中科院遥感所的研究员，考虑到他曾经在贵州地矿局专门做过喀斯特研究，所里专门安排他跟南仁东接洽。看到南仁东他们远远走过来时，聂卫东就悄悄跟同事说："这天文台来选址，怎么还带个民工啊？"庆幸的是南仁东那阵儿在中科院很有名，大多数人都认识他。很快聂卫东便从同事口里得知，那位"农民工"，其实是天文台副台长南仁东。

这时候，南仁东走近了，聂卫东发现其实他也是见过这个人的——这个人不是经常爱在天文台楼下那条小路上抽着烟踱步吗？

因为是谈工作，所以很正式。圆桌会议室里，南仁东和彭波坐一边，聂卫东坐对面。但谈话却从一开始就显得很随意。

"那个……我们来，是想在全国范围内寻找适合建造大射电望远镜的洼地。"南仁东一坐下就说。

聂卫东问："想要什么样的？"

南仁东比画着说："它要圆，要有隔离性，还要交通方便。"

聂卫东一边听着，一边就惊喜起来，说："那就找贵州啊！贵州的喀斯特地貌就有你想要的那种圆圆的坑。"

南仁东也惊喜起来："是吧？小彭也是这么说的，所以我们才来找你们啊。"

彭波在一边笑起来。

聂卫东说："我就是从贵州出来的，我曾经在贵州地矿局专门做喀斯特研究，那地方我非常熟悉。"

接下来，聂卫东就结合遥感图，将贵州地质地貌进行了较为详细的讲解和推介。聂卫东那天出奇地兴奋，印象中自己不曾对遥感图有过那么强烈的冲动，似乎他要给南仁东他们看的，不是一个地方的遥感图，而是自己老家的照片，照片上是自家的老屋，是满脸皱纹的老父亲，是父亲养的大白鹅，是在屋后那棵老树上做窝的白鹭……他在炫耀，也在怀念。

出生于东北的南仁东，对天空的了解远远多于地面，所以他对处于西南边陲的贵州知之甚少。在那一幅幅神奇的地貌图前，他竟看得有些发呆。可这时候聂卫东却迫不及待地问他："怎么样？"听起来，他是在等待南仁东的赞美。但南仁东一时间竟找不到词儿了，他的脑海已经被喀斯特洼地填满了。要知道，就在一分钟前，他还在担心他的梦想可能一开始就将断送在台址问题上。没钱挖出那么大一个坑，大射电望远镜就没有家，一个没有家的大射电望远镜，就永远只能是个梦。可现在，他分明看到了那么多的洼地，那么多候选台址在等着他。一种莫名的感动像辣椒水一样直冲头顶，他感觉鼻腔一酸，顿时满眼辛辣。

他强忍着一种想哭的冲动，扭头对身边的彭波说："太好了，我想，这就是老天助人吧！"

彭波欣慰地冲他点了点头。也就在那一分钟，他从南仁东的眼睛里看到了一个梦想对于一个科学家有多重要。当一个科学家准备了半辈子，最终只剩下一个梦想的时候，这个梦想，就是他的全部。

这次会面，也促使聂卫东此生与大射电望远镜结下不解之缘。那之后，他受命率先到贵州做一次针对性的野外调查。

打听到聂卫东即将出行的日子，南仁东在临行的前一天下午来看望他。不为别的，只为送他一句话：辛苦你了！南仁东说："你先去探个路，下次我跟你一起去。"说话时，他紧握着聂卫东的双手，他应该还有别的话想说，但那些没有说的话，应该都表达在那一握之间了。

贵州地貌

第四章

——

望远镜的山谷

每一个梦想，都不是轻易就能实现的，我们总是要付出很大的努力，要全身心地投入，要有铁杵成针般的执着。正是在南仁东的努力和坚持下，1994 年 4 月，我国终于启动了贵州选址工作，从此开始了 FAST 项目 13 年的预研究。

1

1994 年对于中国天文学界来说，是一个关键年，因为那一年南仁东带着一个梦想毅然回国。1994 年对于南仁东来说，也是一个关键年，因为那一年他与贵州喀斯特洼地相遇。而对于 FAST 来说，1994 年则是它长达 23 年孕育成长的开始。

那一年，从北京到贵州的火车还是绿皮的，单程也得跑上 30 多个小时。南仁东选择乘火车去贵州，是为了节省钱。但人家说，其实你在路上浪费掉的时间也是钱。那时候"时间就是金钱"已经很流行了。可南仁东说："在火车上也可以做些事儿的。"他的意思是，他是不会把火车上的几十个小时浪费掉的。但看上去，他的所谓不浪费时间，不过就是一路上都在一个笔记本上写写画画而已。

时间长，车又行驶得摇摇晃晃，同行的聂卫东多数时间都在睡觉。再说，他很清楚下了火车之后的选址之旅将有多辛苦，趁早在火车上补足觉、养足精神是很有必要的。他睡觉前看见南仁东在画在写，醒来后还看见他在画在写，就劝他说："南台长，你还是睡会儿吧，不然，到了山里，你想睡也找不到地方睡了。"

南仁东下意识地朝窗外看了看，回过头来笑着对聂卫东说："我这年纪，也不是想睡就能睡着的，反正闲着也是闲着，做点儿事吧。"

聂卫东充满疑惑地问南仁东："你在写什么呢？"

南仁东停下了手中的笔，不紧不慢地说："也谈不上具体在写什么，就是一些点点滴滴，有时候突然冒出来的灵感，就把它记下来。有时候会突然想起一种算法，就算算。"看聂卫东有些好奇，他便把笔记本给了他，自己上厕所去了。他走之后，聂卫东便随手翻阅起他的笔记本来。那上面的确是东一页西一页地记录着一些数字或者公式，要不就是很随意的草图。显然那都是他的一些灵感碎片。但聂卫东通过这些零乱笔迹，看到的却是一颗坚持不懈的痴心。

南仁东上完厕所回来了。

"好看吗？"他问聂卫东。

聂卫东笑了。

他把笔记本还给了南仁东。

南仁东拿过笔记本放下，对他说："你把图给我。"

聂卫东知道他指的是那些遥感图。本来在这之前聂卫东都到贵州探了一整月的路了，可南仁东就像信不过他似的，这一次依然要他带上它们。好家伙，那可是几百张遥感图啊，他也不嫌累。可带上就带上吧，这一上火车，他都看过两遍了，这会儿又要看。

"又是全部？"聂卫东虽然做了很好的掩饰，但自己还是听出了语气里的不耐烦。

所幸的是南仁东没有听出来，他满脑子只想着那些遥感图，耳朵也听不进别的。他说："全部，一张也别少。"他说话的时候，已经坐到了铺位上，只等着聂卫东给他拿图了。

聂卫东只好替他拿图。硬卧包厢铺位空间很有限，聂卫东的下铺是一个很

夕阳的余晖洒在高高低低的楼宇之间，从这平凡的小楼望去，实在想象不出有多少伟大与荣耀诞生于此

富态的中年女人，那时候正坐在窗口吃泡面。聂卫东伸着手往下递包，不小心碰到了她的头，遭到一声抱怨："你搞哪样？小心点！"聂卫东还没反应过来，南仁东急忙道歉，连说了三声"对不起"。接过包，他还冲她抱歉地笑笑，又解释说："拿个图纸。实在对不起了。"

那个女人倒也没再计较，而是幸福地吃起了她的泡面。

那之后，聂卫东出了包厢，南仁东却在这里跟那个女人拉起了家常。

"我听口音，大姐是贵州人？"南仁东问。

女人撇嘴瞪眼，说："你多大呀，叫我大姐，我有那么老吗？"

南仁东笑起来，说："我们东北人，对女性都尊称'大姐'。"

这样啊！女人释怀了。她问："你们去贵州搞哪样？"

南仁东说："去找一个台址。"说完才意识到对方可能不懂，又说："去找一个坑儿。"

"去找一个坑儿？"女人显然还是没法懂。

那会儿南仁东正好摆弄开了几张图纸，就把图纸举起来让她看，说："是的，我们要到这些地方，去找一个坑来建望远镜。"

"望远镜？"女人自语道。她那会儿能想到的也就是孩子们架在鼻子上的那种玩具望远镜，跟一个"坑"扯不上关系。她不经意地白了对面的南仁东一眼，心里想自己可能遇上了一个疯子。

而这时候，南仁东却感觉到自己的胃有了动静，它正闭着眼冲着空气中的泡面香味抽着鼻子。很显然，它饿了。那会儿正好聂卫东也逛回来了，他便对聂卫东说："不如我们也来碗泡面？"

聂卫东说："你要吃泡面？"他的意思，他们其实可以选择盒饭。

南仁东想了想，说："我想吃泡面。"

对面的女人"扑哧"一声喷了饭，赶紧拿纸满嘴擦。

南仁东问："大姐你笑什么？"

女人说："我笑你呢，又不是害喜了，还想吃这想吃那的。"

害喜，就是怀孕的一种民间说法。南仁东一听，开心了，说："你别说，我最近还真害喜了。"他说这话的时候得意地看着聂卫东，他希望聂卫东也能跟上他的幽默节奏，最好笑上一笑。聂卫东果真笑了一下，说："你这个娃儿可怀得不小啊！"南仁东哈哈大笑起来，说："是哩，一个大胖小子啊！"

那期间女人一直在拿白眼看他们，如果一开始还不能确定这是个疯子的话，她想这回应该可以确定了。

南仁东也没看她的眼色，自顾自地高兴。不光如此，他还要请教她："大姐，你们怀上了孩子之后，心情是个啥样儿？"

女人没好气地回答他说："啥样儿呢？就是巴不得快点生下来喽。"

她或许做梦也没想到过，她这不经意间的一句应付，竟从某种意义上成就了一个名字——FAST。她说完，就从聂卫东身边挤过去，丢她的泡面盒去了。大概真的把他们当疯子了，她这一去竟然是到了不得不回来睡觉的时候才回到这里。

她没好气地撂下的那句话，令南仁东傻了好一会儿。但这种傻，很显然是为一次惊喜准备的。那之后，他丢下一床铺的图纸不管，又回头迫不及待地找起了他的笔记本。硬卧包厢的小桌太挤，他在水杯、食物袋中间找到了他的笔记本，心急火燎地翻找到一页，在那里停顿下来。那一页纸上写着：Five Hundred Meters Aperture Spherical Radio Telescope（500 米口径球面射电望远镜）。因为这句话的重要，这页纸已经给翻得很皱了。也不知道南仁东盯过它多少次了，估计盯它时的心情，正好跟那个女人说的一样：巴不得快点儿生它下来。可一直以来，他并不像女人那样能清晰地触摸到自己的想法。而今经她不经意地一点，它突然间就在南仁东的眼前变得清晰可见了——是啊，他何尝不是时刻在盼望着它快一点"出生"呢。快，FAST！像是冥冥之中自有定数，500 米口径球面射电望远镜的英文名称里就藏着这个词语。

南仁东拼命压抑着自己的激动，盯着聂卫东，一点一点把自己点亮成一颗太阳："有名字了！"

"我们的望远镜有名字了！"他说。

聂卫东问："叫什么？"

"叫 FAST。"他说。

"FAST？"聂卫东说。

"对，快！迅速！我希望它快一点变成现实！没想到吧？这个名字其实就藏在那个英文名称里——Five Hundred Meters Aperture Spherical Radio Telescope！"他说，"我冥思苦想了那么久，却没想到'得来全不费工夫'！这名字太好了！是吗？"

他目光如炬地盯着聂卫东，可无奈 FAST 不是聂卫东的孩子，他顶多算是个舅舅，因此他的心跳没法跟南仁东同步，也就没法像他那样激动。但看上去他要是不跟着高兴一下，南仁东就要一直站在那里。因此，他只能跟着南仁东一起高兴，甚至抖了抖身体，就像鸟高兴时振振翅膀一样。他说："的确……太好了啊。"

这样南仁东才放过了他，南仁东"啪"地合上了笔记本，那就是要定下来的意思了。南仁东说："申报的时候，我们就用这个名字。我们得抓紧把选址调查报告落实喽。你又免不了要辛苦一阵儿了！"这之后，南仁东竟兴奋得像刚打了鸡血似的，不知道该如何是好。末了还是女人留在包厢里的泡面味提醒了南仁东，他抽抽鼻子，决定去买泡面。聂卫东不让他去。再怎么说，这个腿儿也该是他这个年轻同志去跑，但南仁东不让。南仁东高兴，你不让他去就不对了。

南仁东这就去了，脚步还弹性十足，这让留下来的聂卫东别扭了好一会儿，只好捡了个活儿：替他收拾满床的图纸。此去选址，这些可都是缺一不可的资料，南仁东一高兴就把它们忘了，他要再不管，弄丢一张可就麻烦了。

正收拾呢，南仁东像念经一般念叨着 FAST，手捧泡面回来了。他将其中一盒扔给聂卫东，说："咱们泡上吧，得庆祝一下。"

聂卫东在心里喊道："就拿泡面庆祝？"可他却把脸笑得灿烂如花，表示很高兴接受这个决定。他去冲泡泡面，南仁东又坐下来摆弄开了图纸。聂卫东真想冲他喊"我刚收好"！

泡面取回来后，聂卫东发现南仁东铺了一床的图纸在看。

聂卫东把泡面放桌上，说："准备吃饭吧，我们不是要庆祝吗？"

南仁东却又变得满腹心事起来，皱着眉，眼睛斜视，像在问自己又像在问聂卫东："你说，我们真能在贵州给 FAST 找到一个家吗？"

聂卫东说："这可是几百张图纸啊，几百张图纸意味着什么？意味着你是在上万个窝窝里去找一个窝啊。"身为贵州人的聂卫东，一着急嘴里就蹦出了贵州方言。他的意思是，不可能找不到。

南仁东听了就高兴起来，于是放下图纸开始吃泡面。也许是饿了，吃起来又把要庆祝的事儿给忘了。聂卫东知道他忘了，也不提。南仁东狼吞虎咽到中途，自己想起来了，含着一嘴面突然停在那儿，问聂卫东："不是说要庆祝一下吗？"

聂卫东笑起来，说："是你自己忘记了。"

于是南仁东也笑，一口面吞也不是吐也不是，差点把自己给呛着了。末了两人郑重其事地碰了碰泡面盒，都说了"为我们的望远镜有了名字干杯"，再接着吃。因为是"干杯"，南仁东把面汤也喝了个精光。不仅自己这样做，他还要求聂卫东也这样。

那天下午南仁东就像块烧红了的铁块，长时间没法自我冷却。很晚了，对面的女人才回来。南仁东就像一直在等着她似的，她刚进来，南仁东就冲她说："我得谢谢你，是你给了我灵感。我们的孩子有名字了。我说的是我们的望远镜。"他说话的时候一直盯着女人的眼睛，可把女人吓得不轻。她一声没吭便睡下了，一心只想：但愿这个疯子今晚别一把火把火车点了。

南仁东注定今夜无眠。聂卫东一觉睡醒了，发现他还两眼发直地坐在床头。那时候车厢里已经关了灯，他当然也就没法工作了。聂卫东是通过地灯那微弱的光看清他的模样的。南仁东的眼睛在黑暗中竟是那么明亮，像狼眼一样明亮。

"你怎么还不睡呀，南台长？"聂卫东小声问他。

南仁东正发呆呢，聂卫东吓了他一跳。南仁东指指对面，又指指上面，说："这如何睡得着。"聂卫东稍微想想，就明白他指的是什么了。对面还有上面，鼾声此起彼伏，惊天动地。

聂卫东说："你睡着了就听不见了。"

南仁东说："可我睡不着。"

聂卫东说："你不睡怎么行，我们这次要去跋山涉水哩，你得把精神养好才行。"

南仁东说："可这也太吵了。"但他的语气里没有埋怨的意思。很显然，因为今天的不平凡，他现在像菩萨一样大度。

聂卫东想了想，决定用泼冷水的办法促使他冷静："南台长你不知道吗，你睡着了也打呼噜的。"

南仁东问："是吗？"

聂卫东说："当然是啦，而且比他们打得还响。"

南仁东哧哧笑起来，说："那样的话，我就更不敢睡了，我怕吵着别人。"

聂卫东两眼一黑，无语了。

2

因为之前聂卫东有过一个多月的实地调查，心里有底，这一次并不打算带着南仁东满贵州跑，而是直奔平塘。因为，在他一个月的调查筛选中，平塘那片美丽的窝窝给他留下了很好的印象，他希望它能给这位求"窝"若渴的科学家一个很好的第一印象。

第一次过来时，平塘县派了王山峻副县长跟他接洽。这一次，他们直接就找到了王山峻副县长。

王山峻跟聂卫东是老乡见老乡，一见面就亲热起来了，又是握手又是拍肩的，都不知道该怎么笑才好了。南仁东自然被晾在了一边儿，但因为满脑子都是峰丛洼坑的事，他一点也没感觉到这种冷落。他甚至眼巴巴地等着他们亲热完了，自己好去跟那位副县长握一下手。所以还未等聂卫东将他隆重推出，他就已经抓住王山峻的手了。"谢谢你们啊！"他莫名其妙地说。

"这是北京天文台副台长南仁东，这一次，他是专门过来为选台址做摸底调查的。"聂卫东赶紧介绍。

"哦！"王山峻恍然大悟地喊起来。很显然他刚才犯了个以貌取人的错误。

两只陌生的手瞬间就相知相识地握紧了，还上下抖了几下。这也是很多人握手的习惯，似乎这样就能证明两人刚建起的感情是牢固的，你看，抖都抖不掉。

"谢谢你们，竟然准备了那么多洼地让我们来选。"南仁东说。

"哈哈哈，南台长好幽默啊！"王山峻大笑着说。

因为南仁东的亲和，王山峻立即就丢了生分感，那张瘦巴巴的脸上，法令纹给他笑成了个大括号。看看南仁东那撮小胡子，他还开起了玩笑，说："南台长看样子也不年轻了啊，爬山有没有问题啊？"

南仁东说："别看你把下巴刮得干净，我估计你应该比我年长哟。"

到这儿，王山峻又认真起来，问："南台长哪年的？"

南仁东说："日本鬼子投降那年。"

王山峻说："啊，我还真虚长你几岁。"

南仁东说："那就难为你了，这把年纪还得带我们跋山涉水去。"

王山峻哈哈一笑，不屑地说："我们土生土长在这片大山里，又搞了一辈子农村工作，哪能怕爬个山涉个水呢？别以为我虚长你几岁，身子骨会比你差，我们可都是……"

这时候，司机已经把路上需要的水和干粮准备妥当。王山峻这番话还没说完，聂卫东就打断他说："我们出发吧？"

大家一同上了吉普车。

坐上车后，聂卫东才打趣地说："你们两位这是在比老啊，还是比年轻啊？"

王山峻说："比身子骨，哈哈。"

第一次实地调查，聂卫东已经在平塘筛选出了100多个峰距200到600米的洼地，这一次，他们是直奔那些洼地而去的。可是，一路上南仁东的眼睛就没有离开过窗外，每一次闯进视野的山包和洼地，都会引起他一串惊叹。他那样子，看上去倒不像一个来做实地调查的科学家，而像一个没见过世面的孩童。

那时候贵州的山路，路况可不是一般的差。吉普车行驶在路上，都感觉不到是汽车，一恍惚还以为是骑马呢——那个颠簸劲儿，人也只有在骑马的时候才能体会得到。因为要对付这样的颠簸，车上的每一个人都得时刻抓住车窗顶上的拉手。即使这样，车驶进洼地或碰着石块的时候，他们还会被抛起来，抛到半空，用脑袋去跟车顶比硬。要不是他们奔赴的目的地足够令他们心情愉悦，这样的颠簸肯定是无法忍受的。可南仁东的感觉，是相亲的感觉，是去为孩子选一个心仪之人的感觉。头撞到了车顶，或者屁股给抖得生痛的时候，他的喊叫声也是充满开心的。

可是，即便是这样的路也不长。没有路，即便吉普有多么乐意效劳，它也进不去。末了，它只能十分抱歉地停下来，目送着这个狂热的家伙走向大山深处。

那可不是用目光在地图上扫视。在地图上，目光只需万分之一秒就能跨越的距离，用脚就得走上三五个小时。这对于年轻又曾有过地质生活经验的聂卫东来说，算不了什么。对于一直做着农村工作的王山峻来说，也算不了什么。但对于不曾有过野外工作经历又年过半百的南仁东来说，就是挑战了。可意想不到的是，那一路走下去，一直保持着饱满精神的不是别人，竟然是他。

一开始，大家都还爱说话。为了走起来轻松一些，王山峻甚至还讲过一些笑话，惹起阵阵大笑。可越往后，他跟聂卫东的话就越少了。山路太长，也太崎岖，他们走得很累，也走得很乏，剩下的精力全都用来对付疲乏和劳累了。

南仁东当然也累也乏，甚至因为体力不如他们，还比他们多喘一会儿。可他却是一直保持着笑容的那一个——眺望远处的峰群时咧着嘴，俯瞰脚下的洼地时也咧着嘴。有时行走山路脚下打滑，别人都吓白了脸，可一旦有惊无险，第一个笑起来的还是他。他看上去实在像一个贪玩而又精力旺盛的小孩。

进到洼地，视线受阻，剩下的就是用脚丈量这片洼地的宽度了。无聊间，他还会随意扯一根草茎放嘴里嚼。有一次，他们遇上了一群山羊，他竟冲着它们学羊叫："咩——"学得还蛮逼真的，把羊们都惊呆了。那也罢了，他还要较真为什么这里只有羊却没有放羊的人。王山峻只好跟他解释："这里山大，山民一般都是把羊赶出来就不管它们了。勤快的可能隔一段时间来找找、数数，看羊有没有少。懒的半年才来找一次，或者干脆年底了才来赶回去。很多情况下，都不是羊少了，而是多了，因为羊在山上生崽了，出来的时候，是一只，回去的时候，已经有一群了。"可老天好像故意要让王山峻难堪，他刚说完，就发现灌木丛中还坐着一个小姑娘。实在是因为她穿得太暗淡，头发也很乱，脸也很脏，又加上她坐在灌木丛中，以至于他们没能一眼就发现她。

南仁东乐了："哈哈，你不是说这些羊都没人管的吗？"他像所有抓住别人把柄的人一样得意扬扬。

王山峻只好讪讪地笑道："我也没说所有羊都是那样放的。"

南仁东说："这属于勤快的那种人家，对吧？"

说完，他又认真去问小姑娘："小姑娘，这些都是你家的羊？"

小姑娘没吱声，紧闭着嘴，瞪大着眼睛，很紧张的样子。

这时，王山峻才上前来用本地话跟她说："这位北京来的爷爷问你话呢，你就说吧，别怕。"

小姑娘眨巴了一下眼睛，但依然没放松表情。显然，她也并没打算相信王山峻。

南仁东还问："你多大了？"

小姑娘还是不作声，但她站了起来。她大概是想：站起来了，不一眼就能看出我多大了吗？

果然，王山峻第一个猜到："看样子应该有9岁左右吧。"又替她解释说，"山里孩子怕生。"

南仁东说："这个年纪应该是在上学啊，怎么在这里放起羊来了？"

王山峻说："这山里人吧，有时候宁可让孩子留在家里放羊，也不愿让他们去上学。"末了他又问小姑娘："你家有人上学吗？"

小姑娘终于有了回应，她摇了摇头。

南仁东接着这个话题急忙问："你想不想上学？"

小姑娘点点头。

南仁东又问："那你为什么没去上学呢？"

小姑娘又回到原来的木头样子了：眼睛一眨不眨，紧闭着嘴。但那又是一块多么有灵气的木头啊，眼睛清澈得像井水，深邃得如深海。这样的眼睛能摧坚冰，能化顽石，更何况还是几个血肉之躯。一行的几个人，都在这双眼睛前静默了下来。那是一种冰融化成水时的静默，每一个人都真切地感受到了内心温热的流动。没有人再向这位小姑娘提问题，就连离开时的脚步，也都尽量地放轻。那之后的好长一段路，大家都沉默得像哑巴。好在路途中又出现了一户人家，一座茅草房斜在半山坡，还冒着袅袅炊烟。

"嘿！"南仁东终于说话了。说实话，他真有点儿承受不了小姑娘带来的那份沉默，他早就渴望开口打破这种沉默了。

"那里有户人家。"他说。

他没有经大家同意，已经朝着那户人家走去。

这户人家并不在他们的必经之路上，但聂卫东和王山峻还是跟上去了。

茅屋里有一位老妇，身子弯成虾状，正吃力地在灶台上忙活。南仁东突然闯入，屋里又黑，他的肤色又太白，老妇因为吃惊，呆立在那儿了。

"老人家好啊。"南仁东打招呼道。

王山峻急忙用当地话跟她作介绍："这是北京来的天文学家，我们路过这里。"

老妇这才缓过神儿来："哦——"

"你们这里好啊！"南仁东怕自己的话她听不懂，还配了个竖大拇指的肢体语言。

可老妇分明是听得懂的，她说："好个哪样啊，这山窝窝里住着，太阳都晒

南仁东参加早期选址

不着。"说完她还笑了一下，虽然笑得怯生生的。

　　可南仁东却说："这山窝窝好啊！"

　　很明显，他跟这位老妇的思维不在一根弦上。

　　聂卫东自作主张地要给南仁东补课，说："人们一说起这贵州，就用三句话来概括：天无三日晴……"

　　南仁东抢过话头说："地无三尺平，人无三分银。"他得意地笑——当贵州在他的生活里显得重要起来的时候，他早就做过功课了。

　　聂卫东多少有些扫兴，又补充道："这些山窝窝，对于贵州人来说，并不稀奇。"

　　南仁东却没心没肺地感叹："稀奇啊！稀奇啊！"

不过那之后南仁东又不断地感叹:"这些山民的日子,过得还真困难啊。"

两年后的某一天,平塘县政府办的秘书张聪收到南仁东寄来的一封信,那封信里夹着 500 块钱。那时候,那笔钱是张聪这样的普通工作人员半年的工资数。南仁东在信里委托张聪将钱用于生活在山窝窝里的贫困生。从那时起,他便慢慢开始了对生活在这一片喀斯特地貌的孩子的资助。那些年,贵州有上百个贫困学生都在他的资助下上完了中学。

这时候,人们才知道,他第一次在贵州平塘大山深处那间茅屋前发出的那声感叹,并不仅仅是一句感叹。

3

经过十多天山上山下的辛苦奔走,南仁东的新奇劲儿终于下去了。但随之而来的是充实劲儿。是一个又一个洼地,是越来越靠谱的希望带给他的充实劲儿。十多天下来,他那副在日本国立天文台养尊处优惯了的身子骨差不多累垮了,整整瘦了一圈儿。

聂卫东担心地问他:"你还好吧?"

南仁东想都没想就说:"好!好得很!"

身体的累算什么呢?尤其当你付出的辛苦有了收获之后。这一次,虽说仅仅是 12 年选址长征的开始,可南仁东分明已经踏实地站到了起跑线上。不管跑道有多长,前面总有一个目标在等着自己,这样你心里就必然踏实。有了这份踏实,再远的路都不算远。

要知道,在这之前,他的决心不过是一个悬而未决的决心——在平地上挖一个能放 500 米口径射电望远镜的坑,成本可能会与建设射电望远镜的成本一样高。在这样的现实面前,他那个梦想要落地,谈何容易。事实上,他在咬牙追求这个梦想的同时,心态也并非全是乐观。只是因为天性使然,不到最后他决不允许自己放弃。"自助者天助之",正是因为他的不言放弃,才有了这次认识喀斯特地貌的机会,他那颗原本没有着落的心,也才终于有了放下的可能。

如果说去的时候,他是因为兴奋而睡不着觉,那么回程途中,他却是因为踏实而睡得很香。上火车后,他只跟聂卫东说过一句话:"好好睡上一觉。"那

贵州山窝窝里的民居

好像是在对自己说，也好像是在叮嘱聂卫东。反正，那之后他便天昏地暗地睡了30多个小时，如雷的呼噜一直从贵州打到北京。

下火车前，他迫不及待地跟聂卫东交代：咱们抓紧把选址调查报告拿出来。他不容分说就分了工，聂卫东负责什么，他自己又负责什么。LT（大射电望远镜）大会马上要在荷兰召开，他想把这个报告提交到这个会上，去争取支持。

但要写成一份严肃的调查报告，岂是一两次实地调查就够的。更何况，这个世界上拥有喀斯特地貌的不仅是中国，还有南非、澳大利亚、阿根廷、印度等，而且这些国家也都向国际LT大会提出了争建报告。那之后的半年里，南仁东和聂卫东又数次往返于北京和贵州之间。临近那个会议之前，他们的《关于LT中国贵州选址报告》终于完成。

那份报告中，南仁东用加粗字体写下了这样一段文字：

> 如果我们在平地上挖这样一个坑的话，要花费极高的成本，因为这不仅仅是挖一个坑的事情，从建筑需求来讲，还要保证它在今后相当长的时间内不会发生塌方，最终可能会与建设射电望远镜的成本一样高。而峰丛洼地经历了上百万年甚至上千万年的沉降，是一个很稳定的凹坑，可以保证几十年甚至上百年都没有问题。

此报告在荷兰的LT大会上得到了相当多的肯定。当年年底，中国天文学界以北京天文台为核心，组成了LT（SKA）中国推进委员会，并提出利用贵州喀斯特洼地群建设LDSN（Large Diameter Small Number）射电望远镜阵列，为LT中国概念KARST（Kilometer Square Area Radio Synthesis Telescope）提供独一无二的台址。

虽然推进委员会依然没有明确提到南仁东的"FAST"，但委员会能承认利用贵州喀斯特洼地做台址，一样令他十分高兴。

第五章

心的格局

苦心人，天不负，南仁东破釜沉舟般的执着终于换来 1997 年 7 月 LT 中国推进委员会的重大决定——由我国独立建造一面 500 米口径球面射电望远镜。对于南仁东来说，就像一位准父亲终于从 B 超图里看到了自己孩子模糊的样子时那般惊喜。

1

南仁东被任命为 LT 中国推进委员会主任，聂卫东很是替他高兴，说："这回咱们 FAST 有望了。"他的意思是，南仁东都做了推进委员会主任了，而他自己又被任命为推进委员会选址组组长了，今后他们就可以罩着点 FAST 了。可南仁东却说："建'阵列'才是委员会的主导思想。如果我们能建成'阵列'，不是更好吗？"他的想法，就跟一位校长的想法一样：做了校长，就不能像做家长时一样，只关心自己的孩子，而是必须顾全大局，关心全校的孩子。

做了推进委员会副主任的彭波也担心他留有遗憾，所以安慰他说："不怕，我们可以同时留意大射电望远镜的台址，我们自己不放弃就是了。"

南仁东说："它有名字了。"

彭波说："哦，对，FAST。"

南仁东笑着说："今后就这么叫。"

彭波说："好。"

这一次参与选址的，还有国际 LT 中国代表吴大伟。南仁东可是第一个跟他提出想建一个大射电望远镜建议的，因此吴大伟认为自己比谁都了解南仁东。听他们这么说，吴大伟也来了一句："FAST 可是他的心病啊。我看啊，这辈子他要不把这个大射电望远镜建成了，怕是死了都合不上眼喽。"

说完了，说的和听的都笑，南仁东也跟着笑。

因为通过遥感观测发现，不光贵州有喀斯特地貌，云南、广西、甘肃、新疆、四川等地也有，所以这一趟他们要去的是云南和广西。正好四个人，铺位又都在一个车厢，聂卫东临走前多了个心眼，带了副扑克，这会儿就提出玩牌打发火车上这无聊的时间。

可事实上南仁东和吴大伟都不太会玩，玩的途中，还得另外两个指点，玩起来意思就不大了。但这种情况，最有资格说意思不大的，再怎么也应该是会玩的人吧？他们这里倒反过来了，是南仁东和吴大伟说不好玩儿。吴大伟觉得不好玩吧，也就是说说，说完了还继续玩着哩。可南仁东却把牌扔了，像个任性的孩子："不玩了不玩了，我都不会，太没意思了。"

聂卫东说："你不会，我们来教你嘛，我们都没说不玩了，你倒先退出了？"

南仁东说："我们不会，你们叫我们怎么出牌我们就怎么出，你觉得有意思吗？"

聂卫东说："哎呀，消磨时间嘛。"

吴大伟也和事佬似的劝南仁东说："好了好了，我们玩吧，要不然，他们也玩不成，是吧？"

车厢上铺躺着两个年轻人，本来是想睡觉的，被他们一吵，特别好奇，一边一个探出头来往下看。一看是这情况，两人便都主动提出可以做临时参谋。就是说，他们一人教一个，这牌局不就可以玩下去了嘛。这当然是最好的了，最起码两个想打牌的人是这么想的。俩年轻人从上铺溜下来，分别坐到南仁东和吴大伟身边，做起了辅导老师。这样，牌局又接着进行。可这俩年轻人显然

当大射电望远镜（LT）中国推进委员会成立，推进委员会提出利用贵州喀斯特洼地做台址时，南仁东像见到了久别重逢的老朋友一样开心不已

都不属于那种有耐心的人，一开始还只动嘴，没过一会儿就开始动手了。"出这张出这张。""炸炸炸！"说的时候，已经嫌出牌的人慢了，干脆伸手夺牌往下甩。甩完了还盯着对方得意，好像那炸弹跟他一个姓似的。这样倒也罢了，因为他们的指点，局势已经有了应有的紧张和激烈。一开始，被当成傀儡的两人并没发现自己已经变成了傀儡，依然和两位正在夺权的参谋一起高兴一起沮丧，还一起生气，一起跟对方争执。后来，那两位参谋因为太入戏，干脆把牌夺过来，自己酣畅淋漓地甩。即便都到了这份儿上，南仁东和吴大伟也还跟着起哄，但那两个年轻人此时已经很不满意自己的位置，早无意识地把他们挤到了边儿上，自己却坐在了主位上。下一轮洗牌过后，摸牌的人已经不是原来的主了，

而是这两个刚夺了权的新主。这时候，南仁东和吴大伟才发现他们遭到了淘汰，于是生起了气。两人生气的方式不同，吴大伟生了气，就夺了那位年轻人的牌，南仁东生了气，说声"好好好，你玩，你玩"，然后拍屁股走开了。

最终，吴大伟发现自己夺过牌来，也无非是夺了个拿牌的权，并没有夺得出牌权。这就跟玩偶一样，舞动的虽然是玩偶，但操纵这舞动的却是人。所以，再美好的表演，激动的也不是玩偶，而是人。而他还是一个不太听使唤的玩偶，又总受到嫌弃。"牌不能这么拿！"吴大伟不仅要顾着出牌，还要忙着理牌，忙都忙死了。"这几张是炸弹，放一起。这几张是连子，连一起！""出这个出这个，赶紧！等等，我们要炸！"他只是个碍手碍脚的家伙，人家都急得要跳起来了。于是，吴大伟也像南仁东那样，干脆拍拍屁股走开了。

南仁东正看着窗外沉思呢，吴大伟过来了。

"怎么，你也退出了？"南仁东有点儿幸灾乐祸了。

"哎呀，我们不会玩，没意思。"吴大伟说。

"让他们玩吧，他们玩起来更尽兴。"南仁东说。

"也是。"吴大伟说，然后又问南仁东，"想什么呢？"

南仁东说："什么也没想。"

吴大伟喝一口水，说："你瞒得了谁？"

那年头，那种膀大腰圆脖子上带绳儿的塑料杯，是中年男人的标配。他们时常将那根绳套在自己手腕上，几乎是走到哪里就把它带到哪里。因而，这会儿南仁东和吴大伟手上都抱着一个。不同的是，他们两人的抱法略有不同，南仁东是用双手将它握在肚脐前，吴大伟则是将它环抱在怀里，像抱个孩子那样。可这个"孩子"分明又太小，所以看上去就有那么点搞笑。

凑到了一起，两人就都在窗边的小凳子上坐下来，接着刚才的话茬儿往下说。

南仁东承认自己的确不是什么都没想。他说："你说……我们要是把 FAST 纳入这个阵列，如何？"

吴大伟笑起来，说："我就知道你会这么琢磨。"而后他自己也思考起来，眼睛看着车窗外不断被抛向身后的景致，眼神却是直的。南仁东始终盯着他，等着他的思考结果。事实上，吴大伟的脑子运转的速度并不比他们脚下的火车轮快，过了半天，他才有了这样一个结论："我想象了一下，如果把你的 FAST 作为阵列的中心，那阵容应该更强大。"

南仁东脸上的笑容像花朵遇上阳光一样绽开，可转眼间，天就变了。吴大伟接下来说的是："可这样大的项目，单是立项，就是个难题啊。"

南仁东的笑容唰地消失了。

他咕嘟咕嘟猛喝水，似乎这样便能冲走他满心的扫兴似的。吴大伟能理解他那份沮丧，可他总不能像哄小朋友开心那样不负责任地说假话吧？于是，他也端起水杯猛喝水。这样或多或少还能表明，他也是一样扫兴、一样失落吧。

2

这次选址考察，已经不是初选意义上的只选地形和容积大小了，还涉及了构成阵列布局的地理条件、无线电环境、地基与工程地质要求，甚至还要有降水、滑坡和地震方面的考虑，因而在他们之前，已经有一个由遥感所副研究员朱清风带队的小分队在打前站。由于选址工作还处于初期阶段，没有经费支持，参与选址的专家们都是在完成自己的科研课题的同时，抽业余时间参与选址工作的，所以时间上也没法统一。这支小分队早在五天前就已经到了云南，南仁东他们到达云南的时候，他们已经辛苦了一周。两队人马会师后，又一起在山里摸爬了几天，才去了广西。在广西走了几天，他们才又辗转到贵州。

这一路上，他们分析了矿坑、火山口、陨石坑、岩溶洼地、塌陷等不同的地表负地形（洼地）。根据不同类型的洼地的规模大小、地形封闭性、地基承载能力、周围地区无线电环境、排水能力等方面的差别，初步得出"岩溶洼地是较好选址方向"的结论。那么，我国西南地区岩溶地貌发育状况较好的，便是贵州的普定和平塘两个露出灰岩较厚的地区。这也是他们辗转两省之后，又不顾疲累，迫不及待地到了贵州的主要原因。

然而这次马拉松的考察，最终因为分内工作或者别的原因，除了聂卫东、彭波和南仁东以外，其余的人都中途便折回去了。

因为那份关于LT中国贵州选址的报告在荷兰的国际LT大会上得到了肯定，荷兰也要派人过来做实地考察。南仁东干脆约那位叫理查德的天文专家，跟他们在贵州碰头。

这次平塘负责跟他们接洽的除了副县长王山峻以外，还有刚进县政府办公室做秘书的张聪。这一趟，他们的目的是要测量平塘周围的电磁波干扰情况。根据筛选，他们选择了卡罗乡和牙舟镇所属的苦竹冲、朱家冲、桃子冲和屙屎凼四个凼地作为监测对象。这可不是说，把这四个地方走完就行了。根据工作要求，每个地方至少得监测四个小时以上。那么，每天出发前队伍需要的干粮、水、雨伞等准备工作，就由张聪来干。小伙子勤快又周到。渴了他递水，饿了他递干粮，看山路陡滑，不好走，他便替大家砍拐杖。

有一天，突然遇上一场大雨，大得伞也遮不住。看这雨没完没了，又怕躲雨太耽误时间，他就在附近的农家跑进跑出，为大家找来塑料布当雨衣。这样，南仁东便注意上他了。南仁东自己总也披不好那简陋的雨衣，张聪见了就上前帮他，他便趁机问张聪："小张你多大了？"

张聪说了他的年龄，南仁东便说："你跟我家老大年纪差不多。我大概也跟你父亲年纪差不多。"

南仁东就大射电望远镜早期选址与外国专家交流

　　张聪腼腆，南仁东大概是想逗逗他，后面的话才是正经的。他问："你对这些人家都熟悉吧？比如他们的家底——哪家穷得孩子都上不起学什么的。"

　　张聪说："大致了解吧。"

　　南仁东点了点头，再没说什么。因为他们的脚下并非平坦大道，眼下他必须更关心脚下的路。冲，也就是洼地的另一种叫法，准确地说，是更深的洼地，是介于深谷和洼地之间的那一种地貌类型。它意味着不论是从上往下还是从下往上，都是陡峭的艰难跋涉路程。这样的地方，少有人烟，来过这里的大动物，顶多就是放养的牛和羊了。它们会在这些地方走出一串儿一串儿的足迹，沿着它们的足迹，便可以走得顺利一些。遇上陡峭的地方，牛蹄印还挺管用的。但下过雨之后，牛蹄印也不管用了，黄泥地皮被雨水湿透之后，就像湿透了的肥皂一样，连蚊子都没法在上头站稳，更何况是这群人呢。当然，就这群人之间也有区别，年轻的对这种地形很了解的和有经验的人，跟南仁东这样的年纪又大又不具备走这种路的经验的人，完全是两回事。这两年，每一次选址，与南仁东如影随形的都不仅仅是他的团队，还有险象环生的探寻之路。很多时候，他都恨自己少长了双腿。当两条腿没法行走的时候，他就手脚并用。当手脚并用都不管用的时候，他是多么希望自己是一只壁虎啊，那种足下生着吸盘的壁虎，哪里不能走呢？即便不是壁虎，变成一条多足虫也是可以的。可铁的现实是，他是个人，是个城里人，还是个已经不年轻的搞了半辈子脑力劳动的城里人。

　　那地方叫鸡窝冲，它并不是他们的目的地，这帮科学家之所以能牢牢地记住这个地名，主要是因为它差一点就让我们过早地失去南仁东。也就是那个下雨天，雨下得不大不小，时间也不长不短，他们到了鸡窝冲的时候，中雨变成了小雨，而路面却是刚到它最滑的时候。他们必须下到冲底，然后再爬上对面的冲顶，方能继续前往接下来的目的地。而这下到冲底的路，是什么样的路呢？是一条牛羊开辟出来的路。然而看情形，它们走得也不那么容易，很多蹄印显示出它们当时的惊险。那长长的滑痕，似乎就是长长的舌头，将一个个后怕的表情定格在那里。可这竟然是他们最好的选择。张聪左右察看过，此处没有别的路可走。而且根据他的经验，跟着牛蹄印走，基本没有问题。"牛能去的地方，一般都是安全的。"张聪说。牛的蹄子底下又没生吸盘，它要是都能走的话，的确应该没有问题。

南仁东等专家赴大窝凼考察，平塘县当地干部陪同考察

那就走吧。

雨已经小了，打个伞也不好走路，就把伞都收了吧。打着雨伞披着塑料布，这支队伍显得很奇怪，你搜尽这世界上任何一部电影，也找不到这种形象。收好雨伞，只留下塑料布，倒是让他们的形象有了可考之处——有时候山民们放牛，就是这身装备。

张聪最年轻，主动走在最前面，他的身后是南仁东。他能想到的是，南仁东要是脚下打滑，他随时可以回转身来充当一下拐杖。南仁东的身后是聂卫东，他搞地质出身的，不怕走山路，因此他也可以随时帮南仁东一把。往后是理查德，再往后是王山峻，这是最妥当的布阵，两个"关键人物"都受到了保护。

可南仁东不是那种喜欢认输的人，一般情况下是不会要人搀扶的。有时候，他宁可手脚并用，也不要别人搀扶。那天坏就坏在他这脾气上。一条肥皂路，牛蹄印根本就不可靠，一开始他就不得不手脚并用倒退着往下爬。张聪在前，用脚抵着他的脚，以防他脚下打滑。但这样的路，即便是张聪这样的，脚下也时常打滑。因此南仁东说："你最好照顾好自己。"这正是他在张聪脚下打滑的时候，想当然地选择了另一个牛蹄印，而使自己遇险的主要原因。就在张聪刚找到平衡的同时，南仁东已经像一块山石一般无可救药地滑了下去。情急之间，张聪试图抓住他，身后的聂卫东也冲他伸出了手，可是他们都抓了个空。南仁东一滑不可收拾，最后竟然翻滚起来……庆幸的是，凡这种被叫作"冲"的地方，必然生着灌木丛或者荆棘丛。就在队友们几乎面临绝望的时候，一片灌木丛救了他。灌木丛成功阻挡了他的下滑，而灌木丛之下，则是几十米深的谷底。

他停下来之后，半坡那几个早吓得面如死灰的队友这才一齐惊呼起来。

"南老师没事吧？"

"南台长还好吧？"

"Ben je in orde？（你还好吧？）"

一切都发生得太快，南仁东都还没来得及反应，因此他看上去反倒是那群人中最没事儿的一个。停下来后，他第一时间想到的是"终于停下来了"。是的，不受控制地滑了这么远，终于停下来了。他的姿势很不优美，还一身的泥，而且他想立即站起来的时候，却没能如愿。这令他十分害臊，他躺在那灌木丛下打着哈哈，试图将自己这难看的一幕变得轻松一点。这又惹得一片惊呼，都叫他别随便乱动。南仁东看不见身后的险，他们是看得见的。张聪已经朝他去了。因为着急，张聪看上去想模仿一下羊的走法——蹄子点地即离，一路溜到了他的跟前。那时候，张聪的脸色还没恢复过来，南仁东看着他那一脸惨白，才知道自己刚才有多险了。他开玩笑说："你脚下小心，别让你也滑下去了。"

张聪说："我没问题，南老师没事儿吧？"

南仁东说："我没事儿，就是这树丛碍事儿。"他四处抓摸了几下，还是没法自己站起来，只好把手伸给了张聪。张聪将他拉起来，又问他能不能走。他活动了一下手脚，确定没问题。那一刻他心生好奇，回头间才发现那里的险峻，当即就白了脸。他开玩笑说："看来我差一点儿就留在这里了。"

这时候，上面的几个人都在迎他了。王山峻和聂卫东已经离他很近，他们将自己的拐杖伸给他，让他抓住，把他拉了上来。

"Ben je in orde？"理查德最后一个接住他的手，问。

"没事儿，我还活着。"他心惊肉跳地开着玩笑。

他们选了一个稍微平缓点儿的地方歇了下来。经历了这件事情，谁的腿都在打战。

选址考察人员在大窝凼合影

　　南仁东身上的塑料布在这次险情中给撕破了，这会儿在他身上东一片西一片地飘着。再加上他那一身的泥和草屑，让他看上去很滑稽。总算有惊无险，于是，大家都索性笑起来。

　　"这回可得小心了！"王山峻说。他是在怪张聪，怪他没照顾好南仁东。南仁东却不那么认为，他说："幸好我没摔下去，要不然，小张可冤枉死了。我得替他申冤，是我自己想当然了，我看小张脚下是滑的，就以为旁边要好一点，谁知道我的选择是错误的。"说完他哈哈大笑，但笑声里分明带着颤音。很显然，他也一样后怕。

　　大家都不约而同地喝起了水，喝水压压惊。

　　从那之后，往前的路南仁东再不敢自以为是了。用他的话说，他再不能让他们吓成那样了。他说："我摔着了倒没啥，可别再把你们给吓坏了。"他是想开个玩笑，让这几个被他吓着的人轻松起来，可看上去并不那么容易。尤其王山峻和张聪，他们是主人，不仅是为了带路，不仅是为了陪同，他们还应该保证这几位科学家的安全。出了这样的状况，你让他们怎么能立即就轻松起来呢？不管如何，这支队伍沉闷了一整天，第二天在屙屎凼，才因为理查德闹起的一个笑话而真正轻松起来。

　　"屙屎凼"这个地名，的确很容易让人产生一种不雅的联想。但挑起这个话题的却是一句汉语也不懂的理查德。就是说，真能产生联想的全都没去打听这个地名的来历，理查德却好奇上了。不会说汉语，又怕在场的没人能听懂自己的荷兰语，他便用了英语。然而听得懂英语的南仁东和聂卫东，都不知道这个地方为什么叫"屙屎凼"，末了聂卫东笑着去问王山峻，王山峻也不知道怎么回答才好，便解释说：就是一个可以屙屎的坑儿。还特别解释说，凼，就是坑儿；坑儿，就是凼。

　　就这样，他们也没法回答理查德，王山峻便自作主张地冲理查德说："就是排大便的地方。"

　　理查德当然没听懂，可其他人全听懂了，于是哈哈笑了一回。

3

　　"FAST 的研究领域涵盖广泛的天文学内容，从宇宙初始混沌，暗物质、暗能量与大尺度结构，星系与银河系的演化，恒星类天体，到太阳系行星与邻近空间事件等的观测研究，它都具有非我莫属的竞争力。FAST 拟回答的科学问题不仅是天文的，也是面对人类与自然的，它潜在的科学产出也许我们今天还难以预测：巡视宇宙中的中性氢，研究宇宙大尺度物理学，以探索宇宙起源和演化……"

夜已经很深，南仁东还在写他的论文。书桌上那个圆圆的小闹钟，时针已经指到了 12 点。那个小闹钟是南夫人专门为他准备的，原因是他工作起来就没有了时间概念，根本就不会去看墙上那个时钟。她想的是放个小闹钟在他面前，他无意间抬头总还是可以看到时间的吧。不过这种尝试在一开始就失败了：南仁东对那个小闹钟视而不见。后来南夫人又试过闹铃，把闹铃调到 12 点，到时间闹铃一响，南仁东无论如何也该知道时间了吧？可闹了两回南仁东就给闹烦了，干脆把小闹钟扔到了客厅。这样，南夫人便只好退而求其次地将闹铃取消，还将小闹钟放在他的书桌上，提醒时间的事情就被她自己承担了下来。她在自己的房间里再设个闹钟，闹钟一响，她再去书房提醒南仁东该休息了，而这时候，桌上那个小闹钟便可以为她做证。可对于她来说，跟他一起熬到深夜算不得什么，最让她受不了的是进书房完成提醒任务时，得接受他整出的一屋子"乌烟瘴气"。

尽管每一次南夫人反对他抽烟的时候，他都知错认错，但因为工作压力太大，他又没法做到知错就改。日子长了，南夫人也只能让自己去习惯他这个陋习，进书房前，南夫人拿把扇子在手上，这样便可以将烟雾赶走一些。她自欺欺人地认为，把看得见的烟雾扇开，鼻子跟前就是干净的空气了。除此之外，她还练就了长时间屏住呼吸的本领。时间长了，她的屏气功已经练得炉火纯青，不光可以屏住气息在书房里站上 3 分钟，这期间还可以说话。

这天晚上跟过去很多个晚上一样，她一边扇着烟雾，一边轻轻走到他跟前问："还写？"

她问得很轻，必须这样，要不然就会把南仁东吓一跳。南仁东工作起来总是很投入，即便是抽烟，也并不代表他在休息。但往往没被吓着的话，南仁东又不把她的话太当回事。

他头也不抬地说："再写一会儿。"他写东西很慢，因为他对待文字也像对待数学题那样严谨，他总是希望它们像数学方程式那样逻辑严密而又答案精确。

这样，南夫人就得把小闹钟拿起来，再使上恰到好处的劲把它放到他眼皮底下，提醒他说："你看看，这都几点了？"

南仁东任性起来就跟个孩子差不多，南夫人必须拿出个态度，他才听得进她的话。而又因为他毕竟不是个孩子，这种态度又得有个度（做南仁东的夫人真不容易）。可就这样，南仁东依然不听话，他看看钟，点点头，说："马上就好。"

他这里不答应休息，她的任务就完成不了，也就不能保证自己继续憋着气。末了她只好放开喉咙开始正常呼吸，这样就得吸南仁东的二手烟了。她努力地摇着扇子，嘴上说："我看我得找人来书房装个排气扇了。"

南仁东扭头傻傻地问她："装排气扇干什么？"

她没好气地回答："干什么？抽烟雾！"

南仁东愣了一下，却说："你别装排气扇，把装排气扇的钱给我吧。"

她奇怪了："你要钱干吗？"要知道，南仁东在这个家里，可是个甩手掌柜，就连他抽的烟，也都是南夫人替他张罗的。

南仁东寻思一会儿后，开口却不是为了回答她的问题，他说的是另一回事儿："装个排气扇的钱才多少啊，那个钱太少了。"

"那你想要多少？"老伴问。

"你手上有多少？"南仁东反问。

她说："除去一个月的开销……"

"这样，你不管开不开销，给我凑点儿。"南仁东不容分说地说。

"你拿去干吗？"

"你是不知道，我在贵州那些山里看到的人家，日子过得很穷啊。这日子一穷，孩子们上学肯定会受影响不是吗？这孩子要是不上学，这家人的希望又在哪里呢……于是，我想……你说我们能不能凑点儿钱资助一下？"他说。

接着他又补充道："你先给我凑500，行吗？"

南夫人释然了，原来是这样啊，这不是好事吗？可这让南夫人为难了，一时间去哪里凑500块钱呢？那年头，一个普通的公务员一个月的工资还不到100。

南夫人有些为难地问："你的工资是多少，我的工资是多少，你不清楚啊？"南仁东还真不清楚，他从来没操持过家里的事儿，他的工资也从来都是南夫人代领。这样的人你能拿他怎么办呢？

南仁东振振有词地说："管一个月拿多少工资干吗？你只管给我凑足500就行了。"他一横上，就不像一个最遵守逻辑的科学家了。

对待一个蛮横的人，你也只能用蛮横的办法：横着劲儿为他凑足500块。拿到钱，南仁东便迫不及待地给张聪写信：

> 小张，选址路上看到乡亲们过得很困难，想来孩子上学也很困难。我过得比他们好点儿，这里余出点儿钱给他们。辛苦你调查一下，找几个合适的人家资助一下。拜托了！

> 老南

可能没人想象得到，南仁东竟然不知道钱是需要填汇款单汇的，他直接将钱连带那封信装进信封就寄出了。当然，那时候邮政部门还没有提出过"用信封寄钱后果自负"之类的警告，因而那500块钱的贵州之旅，也就相当顺利。自那之后，南仁东学会了该怎样寄钱了。往后寄钱，他都会到邮局认真填上一张汇款单，要是嫌这样麻烦的话，就选择直接给。反正他有那么多时间待在贵州，有那么多时间跟张聪凑在一起。

4

LT第三次国际会议，于1995年10月在贵阳召开。会议期间，十多个国家的天文学家将到平塘实地考察。如果说之前南仁东他们的选址考察，还没能让贵州感觉到大的动静，那么这一次，贵州是给震醒了。贵州向来偏僻，做梦都没想到过有一天它会进入世界的视野。这情形很像一个低眉顺眼惯了的小媳妇，有一天突然听说，因为她的某样小手艺得到了婆婆的赏识，婆婆将邀请她作陪去登大雅之堂。欢喜之余，自然是要有惊天动地的一番准备。当年的6月15号，平塘县人民政府正式成立了国际大射电望远镜项目接待工作领导小组，组长是县长，副组长是王山峻副县长。因为选址考察同时还涉及了普定县，与此同时，普定县人民政府也成立了相应的领导小组，同样由县长亲自抓。不仅如

南仁东一行到平塘县为选台址做摸底调查时，县城街头挂满了欢迎标语

此，两县都投入了大量的精力和时间，准备了隆重的欢迎仪式：在考察道路上配备交警把守、岔道派人守候、组织县城中小学生及机关干部夹道欢迎、沿途设置临时厕所等。在等待国际专家队伍到来的间隙，一些地方媒体已经按捺不住激动，做出了国际大射电望远镜将落户于某地的猜测和报道。

总之，这一次，贵州是真激动了。

聂卫东会前到贵州踩点，确定与会专家们的实地考察点，他目睹了眼前的一切。回去后，他就把这里的盛况告诉了南仁东。南仁东一听就傻了，这还了得？八字还没一撇呢，就把大话说出去了，要是到时候建不成，如何跟当地交代？再说了，不就是开个会，不就是与会者要到实地考察一下嘛，如何能兴师动众地搞什么欢迎仪式？科学家们可都喜欢脚踏实地的感觉，你想把他们抛起来，抛上天去，不仅不能令他们开心，反而会惊吓着他们。因而北京天文台立即就往贵州省人民政府致函：因为大射电望远镜项目尚处于启动阶段，还未论证立项，希望相关单位和部门不要在大射电望远镜项目上大肆宣扬，怕到时候建不成，伤了地方人民的心。这样，省政府又赶紧下文到平塘和普定，要求凡与大射电望远镜相关的事宜，未经省政府同意，不得进行任何形式的大肆宣扬。

同时又召开了专门的筹备会，严令不准举行夹道欢迎仪式。

这样，才总算扑灭了一场激动的火焰。余下的火星，便集中体现在民众的热情上了。那有什么办法呢？大火燃起来的时候，引着了旁边野草。朱家冲原来是只通马车的。就是说，通往朱家冲的路，是地地道道的"马路"。但考虑到这一次有几十个专家要来朱家冲考察，而且还是来自世界各地的著名专家，朱家冲要进入世界视野啦，所以乡亲们抓紧时间，专门为迎接专家而新修一条车道出来。

朱家冲的人们，还从来没见过外国人，修好了路，便眼巴巴等着看稀奇呢。你可能从来没听说过，看稀奇还得穿戴整齐吧？但这一次不一样，这一次是迎接客人呢，乡亲们没有一个不认为应该隆重一点。

10月3号那天，他们早早就穿上新衣服（没新衣服的，也穿上自己最好的衣服）等着，看专家们来了，便怯怯地移动脚步，羞羞地靠近一点，再靠近

南仁东参加早期选址

一点。没有一个人把这当成围观，即便是那些对中国的山民还完全缺乏了解的外国专家。虽然并不是正经的欢迎仪式，那情景却比任何一个欢迎仪式更具仪式感。

山民们的眼神，是一棵树才有的眼神，是一滴露水才有的眼神。他们的表情也是庄稼才有的表情，是泥土才有的表情，那么简单那么纯真又是那么自然。正如任何一个有心人都有可能在一滴露水面前动情，或者被一场小雨感动一样，这些天文学家全部被山民们纯真的眼神深深打动了。每一个人，每一句话，甚至每一个脚步，他们都小心翼翼，生怕惊扰了这些山民。南仁东也感觉到自己难以承受这份内心的感动，他每靠近一个乡亲，就给他们鞠上一躬。

我们每一个人几乎都有过这样的经历：当你在一朵野花面前心生感动，你会情不自禁伸手触碰。这时候的触碰，绝对不是伤害，而是为了实现一种零距离的亲近。正是这种冲动，令南仁东开口跟乡亲们搭讪起来。

"你们希望我们在这里修望远镜吗？"他问。

"多大的望远镜啊，我们听说是一口大锅。"乡亲说。

"是的，就是一口大锅。"南仁东笑着说。

"多大一口锅啊？要是把天遮住了，我们都见不着天了。"乡亲们开起了玩笑。于是，能听懂中国话的都先笑起来。听不懂的听了翻译之后也跟着笑。那之后，仪式感带来的那份庄严终于被打破，所有的感动都化成了阳光或者阳光下的水汽，最终温暖而轻松了起来。

那么在者密的熊桥呢？他们遇到的又是这样一群乡亲：因为熊桥洼地落差高达400米，他们想到这些城里人要下到洼底会十分困难，便事先就准备好了两大捆竹棍守在坡口，专家们到来时，每人发一根竹棍当拐杖，为的是让他们好走路。

这一路的感动，终于有人忍不住感叹起来："这是我一生最感动的时刻，我从这些善良的眼神里看到了今天中国偏远山区老百姓对科学和美好生活的向往。"

而南仁东心里却沉甸甸的，他在想：要是建不成，我们如何对得起乡亲们啊！要知道，科学可是铁面无私的，它的严谨和苛刻都决定了它不会感情用事。庆幸的是，乡亲们所处的这片喀斯特洼地同样给考察队留下了非常好的印象，这好歹令南仁东暗地里松了一口气。

第六章

——

推销员

星空离我们如此遥远，FAST 的立项也遥遥无期。正如我们通过望远镜遥望星空时需要弯下身躯一样，为了 FAST 能早日立项，我们的首席天文科学家南仁东放下身份，满世界做起了"推销员"。

1

不管南仁东有多么郁闷，自 LT 易名为 SKA 之后，所有人说的都是 SKA。而 FAST，一直还停留在 1997 年的那个初步设想上。至于之前那个因 FAST 或者 LT 中国概念建立起来的选址团队，因为很大程度上属于个人爱好（或者说对科学的尊重）的自由组合，从严格意义上说，它并不是一个正经的团队。所以当选址工作最初的热潮过去，人们只说 SKA，而当 SKA 的推进又不是一个国家的一小群天文学家能做到的时候，那个团队便自然解散，队员们都回到了原来的工作岗位。就是说，一切又回到了开始之前的平静。

那情形，很像你站在海边看了一次涨潮。潮水涨起来的时候，你跟它互动着，你激动了；可当潮水退去，你只身一人站在那里，怅然若失地看着平静的海面。

"FAST，FAST，FAST……"南仁东每时每刻都在念叨着这个名字。似乎，他想把它变成一个咒语，希望念着念着它就真的快速变成了现实。对于其他人来说，南仁东看上去有些怪怪的，有人在背地里说他神神道道的，也有人当着他的面儿问他："老南，你一个人的时候，叽里咕噜地念叨的什么呀？"

他很奇怪："我念叨了吗？"

人家说："你当然念叨了，像和尚念经一样。"

他努力地想，也没想出自己什么时候做过和尚，所以他摇头否认了人家的说法。但他并不想跟人家深究这个问题，他问的是："你说，我们的 FAST 到底有没有指望啊？"

人家便恍然大悟地"啊"，"啊"完了也不正面回答他的问题，而是得意地表示他已经搞明白南仁东整天神神道道地念叨的什么了。"你念的就是 FAST，我敢保证你念叨的就是这个！"

南仁东是真不相信："是吗？我这么念了吗？"他所有的怀疑，全都在眼神儿里了。这就让人担忧了：他可别想 FAST 想疯了啊！

一个炎炎夏夜，他依然坐在家里那间"乌烟瘴气"的书房里写他的论文：

> 为什么要建造巨型望远镜？很多技术进步随时间按指数级别膨胀。例如，根据描述半导体芯片进步的 Moore 定律，计算机综合计算能力每 18 个月翻一番。描绘射电望远镜灵敏度进步的 Living Stone 曲线表明，从 1940 年开始，灵敏度按指数增长至今，提高了 10000 兆，每 3 年翻一番。
>
> 大射电望远镜的建设不是经济利益驱动的，它来源于人类的创造冲动和探索欲望，同时针对当时的前沿热点科学问题。它们的使用和运行总是伴随着发现和突破……

南仁东身后那台电风扇，平均每分钟呻吟一次。或许是因为老了，又或许是因为屋里空气太浑浊，它转起来太吃力，它的呻吟声无论如何都像一种抱怨或抗议。

南仁东的茶喝完了。而这种时候如果他不愿离开书桌去倒水，那恰好是因为他的灵感迸发、文思泉涌，难以走开。有时候，他会将茶杯来个倒立，喝尽最后那滴茶水。这样之后，如果还走不开，他就索性将茶叶倒进嘴里嚼。嚼完茶叶还走不开，就只好叫夫人了。

南夫人一般会在门外问一句："是烟没了还是茶没了？"

他头也不抬地回答说："茶。"

南夫人拿了暖瓶进来为他加水，临离开时突然问他："你在贵州乡下跑了这些年，知道乡亲们是怎么熏蚊子的吗？"

南仁东想了想，说："不知道。"

南夫人说："我听聂卫东说，是用柴烟。蚊子再厉害，也受不了烟火熏。所以，乡亲们只要让屋子里充满烟雾，蚊子就不敢进屋叮人。"

南仁东愣愣地问："是吗？"

南夫人说："我总算明白，你这屋里怎么没蚊子了。"

南仁东这才明白老伴儿是在打趣，他哧哧笑起来，说："你怕烟就出去吧，我就当你是蚊子了。"

南夫人却不走，说："趁你这屋里没蚊子，我们说会儿话吧。"

南仁东忙赶她："你赶紧忙你的去吧，我这里正写哩，没时间跟你说话。"

南夫人看一眼他正写着的稿子，自语道："又是 FAST。"

南仁东说："对啊，FAST。"

南夫人说："我有一个堂弟，你知道吗？"

南仁东想了想，说："你应该有两个堂弟吧？"

南夫人说："你知道我有两个堂弟，但你不知道他们其中一个曾经差点儿疯掉。"

南仁东问："为什么？"

南夫人说："因为暗恋一个姑娘。他有一天爱上了一个姑娘，但他既不给她写情书，也不托媒人去替他传话，他就那样一直闷在心里，直到他差一点儿疯掉。"

南仁东傻傻地问："那后来呢？"

南夫人说："后来，是看他已经不正常了，我们才替他把姑娘叫到了跟前。"

南仁东如释重负地叹气："啊！"

南夫人说："你还不明白我的意思吗？"

南仁东木讷地问："你是什么意思呢？"

南夫人只好叹口气，说："我的意思是，你可别像我那位堂弟一样。"

南仁东问："你指 FAST？你把它当成我暗恋的姑娘？"

南夫人再一次重重地叹口气，说："去找人说说你的心事吧，别一个人整天念叨，再继续下去，我怕你也快成疯子了。"

南夫人说完就离开书房了，留下他一个人木雕似的坐那里发了好久的呆。不过他脑子里还有一句话等着他写到纸上，而且如果他没完没了地发呆的话，那句话就有可能因为等得不耐烦而跑掉。事实上那句话都站起来了，都转身抬起前腿了，南仁东赶紧把它抓住：……按 Living Stone 曲线预测，在今后的 10 年间，应该有一个大约 500 米口径检测能力的射电望远镜，FAST 与曲线的预测相符，顺应趋势。

那之后，他承认了老伴儿那一通点拨起了相当大的作用。睡觉前，他已经做出了要向全世界推销 FAST 的决定。

上床的时候，他是这样对夫人说的："你说得对，我是应该多去找人说说 FAST。"

2

南仁东是个急性子，第二天一大早，他就跑进台长办公室跟他要开会的机会。他甚至希望台长能把近期所有出席国家重要会议的机会都给他。

台长问为什么，他就开玩笑说："你那么忙，开会多耽误时间啦！再说，开会多辛苦啊，我这人闲不住，就替你开会去吧。"

台长当然不相信这话，他自己揣摩：可能还是因为 FAST 吧？南仁东也就承认了："你知道，那差不多都成我的心病了。"

台长叹口气，说："一转眼，你回来都快 6 年了，我们何尝不知道那是你的一块心病啊。"末了又跟南仁东开玩笑："你知道世界上什么动物的妊娠期最长吗？"

南仁东问："什么动物？"

台长说："我听说是一种鲨鱼，据说它们的妊娠期长达三年。所以，你得像鲨鱼一样有耐心。"

南仁东呻吟一声，说："孕妇所有的信心，可都来自胎儿啊。只要它在正常发育，只要你想听就能听到它的心跳，你当然就可以不慌。它要是还能活蹦乱跳地时不时踢你一下，那就更不用着急了。可我们的 FAST……到现在，还没开始正式发育哩。"

台长沉吟一会儿，给了他一根烟。从某种意义上说，这就是支持的意思了。

南仁东果然开始了频频开会的痛苦经历。只要是天文台得参加的会，他都去，大会小会都去。凡开过会的，都知道开会有多无聊，尤其是一些闲会。更何况，科学家属于惜时如金的那类人，你让他一屁股坐到会场发一天呆，甚至发几天呆，对他来说一定是煎熬的。可南仁东必须忍受这份煎熬，因为他要的是跟人推销 FAST 的机会。开会期间能遇上很多人，他可以从中挑选那些有可能会关注 FAST 的人，选上了就递烟。抽烟虽然有害健康，可烟在中国却被当成了拉近感情的媒介，所谓"烟搭桥"。熟人相互递根烟，就能更熟，陌生人相互递根烟就能成为熟人。抽上烟，他就赶紧跟人说 FAST："你肯定听说过我们的FAST 吧？那是很好的一个项目，很有前景也很有意义的一个项目。"

人家问："已经立项了？"

"呵呵，还没哩，这不，我在给你们加入的机会呢，趁还没立项。"他说。

"我们哪有那个实力。"对方说。这显然是中国人习惯性的谦虚，表明一种修养。

"你们当然有啊，要不然，我会跟你废话？"南仁东却把修养一词抛到脑后，扯起了大嗓门。他之所以这样，主要是为了加强肯定的语气，好让对方明显感觉得到他的诚挚。

遇上不认识的，只要对上了眼，在一米远外就冲人家微笑，冲人家伸出手，握上手还要摇一摇，握不满一分钟还不放开。这种情况下，对方多数时间都会迷糊：对面这人是谁呀？因此他得先自我介绍："我是南仁东。"人家就恍然大悟："哦——南仁东就是你呀！"手就握得更实在更踏实一些了。南仁东这个名字人家是知道的，只是没见过人，今天见着了，还认识了，真是开心。握手时间自然延长，人家得表达一下惊喜："久仰久仰！"

寒暄一过，南仁东又提到了 FAST："你们想不想参与一个国际性大项目？FAST，世界最大的射电望远镜，它能……"

时间长了，认识南仁东的人就多了。往后的那些会议期间，就少有人需要他上前自我介绍，而远远的就有人喊他，或者远远的就递一根烟过来了（不光知道他是谁，还都知道他喜欢抽烟）。再不济，他们就在背后议论。一个人说：

"看，南仁东又开会来了。那家伙逢会必开，一开会就来兜售他的 FAST。"另一个人说："这家伙可是在国际天文界都小有名气啊，尤其在 VLBI 领域的知名度很高。"有人附和道："是啊，可你看他为了一个项目，都低三下四成啥了？"有人着急了，说："那怎么办？这之前，他在日本当着客座教授，拿着高薪呢。人家放弃高薪回国来，就是为了完成一个大射电望远镜的梦想嘛。"

不管如何，的确有很多人都知道 FAST 了。这不就是效果吗？不光参加国内的会，国际会议他也要去参加。他走入世界人群当中，不停地打 FAST 的广告。用他的话说，他是在拍全世界的马屁，希望全世界都来支持 FAST。

3

是谁说的"有付出就总有回报"？南仁东真想跟这个人抱头痛哭一场。2000年，中国提出的 FAST/SKA 工程概念方案与美国的 ATA、荷兰的相位阵 AAT、加拿大的主动反射面加球载馈源 LAR、澳大利亚的 luneburg 透镜阵和柱面镜、印度的双预载荷抛物面天线 PPD 等一并进入国际 SKA 操作委员会的视野。中国的设计方案因为"造价较低；技术较为成熟；从望远镜的类型上看，它既非全可动，也非完全固定，在一定程度上兼顾两者之长；在主要技术指标上超过现有世界最大全可动望远镜 1 个数量级"而名列前茅。这对于南仁东来说，就相当于一个渴望孩子多年的男子，看见了妻子拿在手上的验孕棒上显示出两条红杠。正如这位准父亲会在那两条红杠前热泪盈眶一样，他的视线也在"FAST/SKA"前模糊起来。像所有的准父亲会在那之后狂热地喜欢上小孩子的玩具一样，他热爱上了火车。从哈工大到同济大学，从同济大学到西安电子科技大学，或者再到别的什么地方，为了寻求技术上的合作，那两年，他大多数时间都在火车上度过。他坐着那些"哐当哐当"的火车，跑去跟人谈技术合作，去拉人入伙。运气好，一去就找到了自己要找的人，而且谈起来颇投机，那他便可以少坐两趟火车。要是运气不好，去了又遇上自己要找的人不在，那样的话，他就得多跑几个来回了。再加上选址工作并没有停下，他还得时常跑贵州。那两年，他的裤子破了，一定是坐火车磨破的；嘴唇薄了，一定是说话磨薄的。那两年，你要找南仁东，只管跟火车打听就行了，全国各地的火车都认识南仁东，都跟他熟得不行。它们可能比人更了解这位天文学家，它们知道他的大概体重，甚至连他打呼噜的频率都了如指掌。一提到"南仁东",火车就"呜——"地尖叫。

那两年，不管是朋友、同事还是家人，跟南仁东说得最多的话是"在哪呢""怎么又在火车上"。

就这么跑啊跑啊，时间和岁月都被他带到了火车上，于是它们也"哐当哐当——呜——"地走过去了，走到了南仁东的花甲之年。十多年如一日地跟着火车奔跑，十多年只跟人说一个话题，自认为没人能打垮自己的南仁东，终还是被 FAST 的窘境折磨得消瘦下来。

人们背地里送了他一个绰号"丐帮帮主"。第一次听到这个绰号的时候，他很不认可。或者说，他不想轻易认可。那天他回到家，竟然长时间迷恋上了照镜子。南夫人觉得奇怪，问他出了啥情况，他自我打趣道："你看我这样子，像不像'丐帮帮主'？"

南夫人那时还不知道这个绰号已经被人送给了南仁东，她当时只以为南仁东是在嘲笑自己消瘦的样子，因此她说："我想你是忘了你多大年纪了。"她的意思是提醒他，年纪已经很大了，就别不要命地喝酒了。

可南仁东非要跟她逗："怎么了，这么大年纪就不能任帮主了？"

南夫人不想跟他开玩笑，瞪了他一眼走开了。

从那之后，他便一个人站在镜子前一点儿一点儿地消瘦下来，直到自己不得不承认：我还真成了丐帮帮主了。好消息是，他消瘦下去了，他的立项申请书却在一点点地变厚。合作单位也在一家、两家、十家地往上增加。南仁东时常把那本立项申请书拿在手上掂，像父亲掂自己的孩子一样，虽然孩子长得很慢，但好歹在长，他心里头就还有一份踏实感。

有时候，十多个年头，真就是在你不知不觉间溜走的。这也是为什么人们总在感慨"时间过得真快"的原因。南仁东也是到了 2006 年，才猛然发现时间已经过去了十多年。白驹过隙啊，他连时间是个什么样儿都没看清。可他的 FAST 呢？这个名字不是"快速"的意思吗？但它却显得比什么都慢，比宇宙老去还慢。

2006 年，国际天文学会射电天文部开会，南仁东没有参加这个会，会上却把他选为主席。这是个意外的惊喜。得知这个消息，他第一时间问的不是主席的事情，而是："今年都 2006 年了？"这些年，他又不是没看过日历，那些代表日期的数字也没有有意躲着他，可他的确没注意过它们。也就是那时候，"1994"像幻灯片一样在他脑子里闪了两下，使得记忆的齿轮"咔嚓"冒了几颗火星。他盯着对面欣喜地告诉他那个消息的人喊道："天哪！我都回来 12 年了！这'光阴似箭'，指的是火箭吧？"

这就让人太意外了，你管它是火箭还是什么箭，你当上主席了，应该惊喜才是啊。

可他还愣愣地说："莫名其妙啊，我都没参会。"

人家说："怎么叫莫名其妙呢？学会认可的是你的能力啊。"

他就更急了，说："我有什么能力？我想建个望远镜都这么困难。这都 12 年过去了，我的望远镜连立项都还没立成！"他看上去是真窝火，因为他朝那张写着他的好消息的文件猛击了一巴掌。

人家只好把脸上的喜悦收起来，重新怜悯起他来。

"你别急，不管怎么说，今天这个消息是个好消息。你想想吧，当别人知道他们是要跟一位国际天文学会主席合作的时候，还会犹豫不决吗？"

南仁东果然就豁然开朗了："真的？"

人家说："不信你就试试吧。"

<h2 style="text-align:center">4</h2>

南仁东没有想到，这话就像预言一样，那之后他回头再去找那些一直处于犹豫状态的单位，人家果然没再犹豫就答应了，弄得他都有些不相信这是真的。拿着那些又变得厚重了的立项申请书回到单位，他第一时间就找到那位"预言家"，不容分说地使出洪荒之力拥抱了对方。

也是从那个时间起，人们发现南仁东的腰板儿又直了，步子又有弹性了，说话时中气又足了。

中国科学院例行召开院长办公会议，各主要负责人对"十一五"大科学工程的立项情况分别做了汇报。路甬祥院长做最后总结，南仁东在他快结束时赶紧抢过话头。

"您说完了，我能不能说两句？"南仁东说。

路院长停下来，默默地看着他，那就是默许了。

他认真地清了清嗓子，说："第一，我们干了十多年，没有名分。现在我们要名分，FAST 到底是怎么回事儿，有没有可能立项？这么多人，20 多个大专院校、科研院所都在等着。"

路院长被他愣头青样的做派逗得笑起来，随后对秘书长说："秘书长，给个小名分。但启动立项进程之前，必须有国际评审会。"

南仁东说："第二，我们身无分文，别人搞大科学工程预研究，上千万、上亿，我们囊空如洗。"

"计划局，那就给他们点儿钱。"路院长说。

无论如何，这感觉上都有点儿像家长打发一个爱闹的孩子。你吵着要这要那，父亲为了让你安静下来，便在不超出原则范围的情况下随便给颗糖塞住你的嘴。南仁东就是这种感觉，但南仁东否认自己是个爱闹的孩子，他要干的是正事儿，是大事儿。总之，他不喜欢这种感觉。

散会后，他走得很颓废。一个人闷闷地走回办公室，正懒懒地开门呢，身后一个人叫了一声"南老师"。他扭过头，发现是张院士。张院士不像是路过这里，因为他回办公室不需要从南仁东办公室门口路过。很显然，张院士是专程过来安慰他的。

"别这样，院长对谁都严厉，对你算是最客气的了。你今天得到的，比别人得到的都多。"张院士说。

张院士完成了安抚任务，当即就离开了，因为南仁东并没有邀请他进办公室坐坐。倒不是说南仁东有多不懂礼数，只是他的脑子里没有装"礼数"的地方。估计要是来安抚他的是一颗脉冲星，他就不会那么犯傻，而是第一时间就将它迎进办公室，还会把自己那个位置让给它坐。

张院士都走好远了，南仁东才冲着他的背影动了两下嘴，本来想说声"谢谢"，却没说出声来。

张院士的话是对的，南仁东确实不应该那么早就"哭"。也就是稍后没多久，院里就通过了 FAST 的立项申请。眼泪还没来得及流出来，就被接踵而来的喜悦推回去了：你站一边儿去吧，别挡道！

南仁东一时间有些不知所措，一个人在自己办公室里喜滋滋转了十多个圈儿，还摩拳擦掌了半天，最后还是烟这个坏家伙让他平静了下来。

跟着就是国际评审会了。要强的南仁东竟然希望自己能在国际评审会上独

2006 年 3 月 30 日，FAST 项目国际评估与咨询会在北京举行，南仁东正在给与会专家作报告

立发言，而不是身边站着个同声翻译，自己说一句让人翻译一句。但由于他的英语水平还没有达到独立发言的程度，他就必须事先写好稿子，再把它背下来。60 多岁的人，记忆力已经没法跟年轻时比。曾经那背下一页便撕掉一页的豪迈，如今也只能当成"当年勇"来激励一下自己了。好在曾经强大的记忆力并没有想象中衰退得那么快，他真的把几页发言稿背下来了。也就是说，会上的独立发言很成功。用朋友们的玩笑话说："英文不好不坏，但说得特别明白。"

　　不管如何，2007 年 7 月，FAST 立项了！他永远记得通过评审时那激动人心的时刻：专家委员会主席激动地冲上前紧紧握住他的手说："You did it！（你做成了！）"是的，他做成了！他追了十多年的一个梦，现在终于抓住了它的衣襟。他真的好想哭一场啊。回首往事，那些殚精竭虑、奔波劳累，都在冲他挥手、欢呼，刹那间，它们都变得那么温暖，那么美好……他一个人躲进洗手间，"男儿有泪不轻弹"，洗把脸，准备迎接更远的跋涉吧。

第七章

——

平安降生

逐梦之路，从来都很坎坷。2004 年，中国与澳大利亚、南非、阿根廷等国都提出了 SKA 台址候选申请，因为种种原因，中国的 FAST/SKA 遗憾地退出了国际 SKA 的竞争舞台。对于南仁东和他的科研团队来说，这无疑是一次沉重的打击，是从此心灰意冷一蹶不振，还是抖掉身上的尘土执着向前？

1

FAST 立项后，终于建起了一个正式的团队。南仁东担任项目总工程师兼首席科学家，彭波任项目工程副经理。之后，南仁东的办公室里便多了一块黑板。黑板上每天都会画上一些几何图形和方程式，黑板前也随时都会坐上几个团队成员。在 FAST 还没落选国际 SKA 前，他们做的还是"筑巢引凤"的梦。因为这时候，已经有 20 多个国家在争建，他们希望 FAST 的建设能变成一种吸引国际 SKA 落户中国的力量。那段时间，南仁东最喜欢去读罗伯·米勒纳博客里那段关于大窝凼的描述，那家伙参与了 SKA 中国贵州选址考察后，在自己的博客里写道：这是一个种植水稻的村子，绿色的小块田地紧凑地排列着，尤其是凹坑底部……景色令人敬畏，即便在自己成为这景色的一部分之后，它仍让我感到叹为观止！这是大自然的最佳杰作……

吸引南仁东的当然不是这几句话的文学性，令南仁东流连其间的是那种来自地球另一端的认同和共鸣。对于南仁东来说，大窝凼不仅是一个美丽的自然奇迹，还是他心爱的孩子的家。因此这种认同和共鸣，很大程度上就能给他带来雄心。

可是有一天晚上，南仁东终于觉得将雄心建立在罗伯·米勒纳一人认同的基础上，已经有些不太现实了。那天晚上，他照常是9点钟还没下班回家。这当然不稀奇，FAST立项后，他就没在晚上9点前回过家。有时候他忘我工作，以至于没有顾及到别人的感受，或者就根本没感觉到这世界上还有一种东西叫时间。他突然想起什么事情，就会打电话叫人过来。这天晚上，他就在临近9点的时候突然想和彭波聊聊，便拿起电话拨了过去。彭波一边接他的电话一边看了一下时间，提出这会儿已经太晚了，不如明天再说。彭波说到时间的时候，他也看了看表，说："不还没到9点吗？"

事实上，那时候彭波刚到家。但总工程师要是不答应，他这个副经理就还得过来。南仁东固执起来就不顾别人感受，这一点，别人拿他一点办法都没有。

在等待彭波的时候，南仁东便看着罗伯·米勒纳那几句话。但你也可以说他并没有在看，他不过是盯着那个页面在沉思。他的目光的确一直没有离开过那个页面，但他的思绪已经去了很远的地方，那个叫FAST/SKA的未来的地方。彭波赶到的时候，已经快到10点。他进来的时候挥舞双臂驱赶烟雾，嘴还吹着。南仁东说："有那么夸张吗？我一直在这里都没感觉。"

彭波说："我看我们进你的办公室，都得戴上防毒面具才行。你也别犟，这烟还真得少抽一点，别把身体抽坏了。"

好像是为了附和彭波的话，南仁东身体不受控制似的弄出了几声咳嗽。彭波说："看吧，你的身体也在提意见了。"

南仁东却不以为然地笑了笑，然后就让彭波看黑板上那个被他用粉笔画了三道圈儿的FAST/SKA。

南仁东说："你看看这个。"

彭波怀疑地问："这里有什么玄机？"

南仁东说："你感觉它们像不像一对母子？SKA是母，FAST是子，是还在子宫里的子。"

彭波毫无感觉地笑笑，说："这大半夜的你叫我过来，就是说说这个？"

南仁东说:"说这个不行?我就想问问,你觉得它们还能这样在一起多久?"

南仁东看彭波没有回答,又接着说:"国际 SKA 已经明确以大量的小型反射面天线组阵作为 SKA 工程概念优选方案,并且将其工作频率上限提高 3 倍,阵列基线长度扩大 10 倍。如果这之前,我们还有争建的希望,那么现在呢?"

彭波只是叹气。叹完气,他便拿起粉笔在黑板上画起来,一边画一边说:"这样一来,SKA 台址便至少需要 100 平方千米没有射电干扰,还需要 3000 千米的天线阵覆盖范围。"黑板上出现了一个被圆圈圈起来的 SKA,和以它为圆心延伸出去的放射线,"那么,原先我们想的以大窝凼为中心的阵列,显然没法实现这种硬性的指标要求。"

"300 千米范围对中国来说已经很勉强,3000 千米外的观测站周围也要求没有无线电信号的话,对于中国来说,的确是一个致命的难题。"彭波还说。

南仁东说:"大家都在猜测,这样一来,南非和澳大利亚可能最有希望。国际 SKA 是综合孔径干涉阵列,而我们的 FAST 是单口径望远镜。原本,因为 FAST 有着巨大的接收面积,可指望与 SKA 在有限目标上开展联合观测。可是,如果 SKA 台址最终花落南非和澳大利亚,中国与南非、澳大利亚分处南北半球,共视区间有限,难以完成 SKA 预定的巡天范围。那么,这一点也指望不上了。"

彭波说:"还有一个现实是,和 SKA 高频阵列单天线视场相比,FAST 视场小约 400 倍。所以……"

南仁东打断他说:"所以我们的 FAST 要做好脱离 SKA 这个母体的准备。"

彭波没接话茬儿。

2

吉普车在山路上颠簸,聂卫东在副驾驶抓着拉手打呼噜。车颠得太高的时候,他会快速地睁一下眼睛,然后再快速地睡过去。就是在这种情况下,他看见了路边拦车的两个乡干部。司机的脚都放刹车上了,聂卫东急忙喊"别停别停",司机就踩油门跑了。聂卫东继续打着瞌睡。

南仁东在后面问:"为什么不停呢?"

聂卫东醒了,说:"你没看出他们是乡干部?"

南仁东的头还扭向后面,冲着那两个一脸失望的乡干部。他说:"看样子是乡干部不假，可这荒山野岭的，人家要是想搭车呢？"

聂卫东说："你忘了上一次了？我们也是以为人家要搭车，结果呢？把你请下去，就是为了说服你把望远镜地址定他们那里去。"

南仁东当然没忘，当时那两个乡干部多热情啊，又是递烟，又是点火，末了还往他们车里扔整条整条的香烟和土特产。光在这件事情上推来推去，就推了十多分钟，最后还是南仁东拉下了脸，他们才打住了。但礼物不接受，愿望他们还是要表达的，说希望望远镜能建到他们那里去；说反正要的就是个坑儿，他们那里坑儿也多，大的小的都有；说这不光是他们几个乡干部的愿望，还是全乡人民的愿望；说他们是带着全乡3万多群众的诚意来的，3万多群众都眼巴巴盼着看望远镜呢。那一次可没少让南仁东为难，建望远镜又不是建个公厕，只要有坑儿就行了。他得让他们明白科学应有的严谨和严肃，还要注意不要让这种严肃伤了他们的心。看他们的表情由充满期待一点一点滑向失望，他都差一点跟他们提到"缘分"这个词儿了。但不管他多么努力，他觉得最终还是得罪他们了，而他又是那么不愿意因为这个得罪乡亲。

这正是聂卫东不让停车的原因。可南仁东觉得，不搭理也是不对的。他说："怎么能那么没礼貌呢？"

聂卫东说："我刚才可是在打瞌睡，根本就没看见有人拦车。"

南仁东说："可你明明看见了，还是你叫不要停车的。"

聂卫东说："那就让我背这个负疚感吧，你就别放心上了。"

南仁东泄气地说："放心上也没用了，都走这么远了。"

聂卫东说："你是不知道，你不在这会儿，我们还被拦过两次。第一次我是出于基本的礼貌，让车停下了，结果就跟你上次一样，被缠了半天才抽身。"

南仁东说："能抽身说明你还不错，就怕你太心软，经不住他们泡。"

聂卫东说："得看什么事儿呢，这种事儿能心软吗？"

司机插嘴说："那要是他们那里也有一个像大窝凼这样的坑儿呢？"

聂卫东和南仁东同时笑起来。

南仁东笑完了叹口气，说："也真难为他们了。"

南仁东情不自禁又一次回头，自然是早已经看不见人影儿了，只有弯弯曲曲的山路，和车轮掀起的尘土。重新回过头，南仁东跟聂卫东打趣道："不过我倒是佩服你睡觉的本事啊，这么颠，你还能打呼噜。"

聂卫东喊道："你也一样啊！"

南仁东问："我也一样？"

聂卫东说："你打得比我还响。"

两人正笑着，吉普车猛然一跃，将他们抛离座椅半尺高。玩笑就在那时结束，接下来是那种无聊的沉默：既不打瞌睡，也不说话。我们习惯性地把这种气氛叫"沉闷"，一般情况下，接下来就该有不开心的话题了。

果然，过了一会儿，聂卫东扭过头小心翼翼地问南仁东："我听说了一些SKA 方面的消息……是真的？"

南仁东本能地清了一下嗓，说："是真的。"

聂卫东说："那……我们的 FAST……"

南仁东说："你不想干了？"

聂卫东忙说："不不不……"如果气够足，他还想说更多的"不"。

南仁东说："那就该干什么还干什么吧。"

听起来，南仁东非常淡定，但在回到北京的第二天晚上，他还是因为这个话题在弟弟专为他设的家宴上发起了脾气。长时间见不着他的影儿，弟弟就会想他，就会备上一桌丰盛的菜肴，请他过去吃饭。这次正赶上他刚刚在贵州大窝凼转四五天回来，所以席间吃相就有些不够文雅，还一个劲儿说这个好吃那个好吃，整个儿饿鬼变的似的。

弟弟就问："你多久没正经吃过饭了？"

他说："正经吃啊，一日三餐。"

弟弟问："那都吃什么？"

他说："多数时间是泡面，大家都不想吃泡面了，就瞎对付。深山里买不到菜，我们那帮人里头也没谁会做饭，只能逮着什么吃什么。不过，你还别说，那些野菜比你桌上这些蔬菜营养要丰富得多，是吧？"

弟弟不高兴了："那你怎么说我这桌上的好吃？"

他说："一分为二地看问题嘛，你厨艺好呗。"

弟弟说："你忘了你多大年纪了吧？你都 60 多岁了，还到大山里吃什么泡面、野菜呀？人家像你这么大年纪，早都退休回家抱孙子打太极了。"

他说："也有像我这把年纪的人，没有在家抱孙子打太极吧？"

弟弟说："可是你为建一个望远镜不顾一切，究竟是为啥呢？"

他还没来得及回答，弟弟已经露出讥笑来了："难道就为了一个'崇高理想'，或者'高尚追求'？"

他想了想，回答说："我谈不上有高尚的追求，也谈不上崇高的理想，大部分时间是不得不做。"

弟弟说："什么叫不得不做？你不做别人会拿鞭子抽你吗？"

南仁东说："人总得有个面子吧？你往办公室一瘫，什么也不做，那不是个事儿。我特别怕亏欠别人，国家投了那么多钱，国际上又有人说你在吹牛皮，我就得负点责任。"

弟弟说："可我听说你们那个望远镜都有可能建不成了，你还那么上心往大山里跑个啥？"

南仁东一听这话就僵在那儿了，半口饭还没来得及嚼呢，就搁下了。"谁说的？"他问，"谁说的建不成了？"他啪地将筷子拍到桌上，要较真。但桌上的人一眼就能看出，他并不是想揪出那个说话的人，他生的不是说话人的气，生的是这话的气。他急成那副样子，弟弟也就不吭声了。两兄弟的家常聊到这里便戛然而止了。南仁东再没了食欲，丢下一桌子他刚刚还赞不绝口的菜肴，坐一边抽烟去了。

稍微了解南仁东一点的人都知道他紧张的是什么。国际 SKA 台址竞选的形势已经很明显，如果中国落选，便意味着他们将要面临一次 SKA 的分娩。他得指望这次分娩是顺产，而不是难产。

2012 年 5 月 25 日，总部设在英国曼彻斯特大学的"平方千米阵列射电望远镜"组织终于正式对外宣布：SKA 将拆分到南非和澳大利亚两地建设。台里在第一时间就开了会，在开会的第一时间就提出了"中国退出国际 SKA 竞选后，FAST 还要不要继续建"的问题。也是在第一时间，南仁东就说："当然要继续。为什么不继续？"他是太着急了，其实这个会上没有一个人认为退出国际 SKA 竞选后，FAST 就应该停止建设。这个会显然不是要宣布 FAST 的停建，从某种意义上来说，它是 FAST 呱呱坠地的一个过程。

是的，SKA 需要至少 100 平方千米没有丝毫射电干扰的接收面积，还需要 3000 千米的天线阵覆盖范围，在任何一个观测站周围都不能有任何无线电干扰。中国满足不了这个条件。科学是铁面无私的，南非北开普省卡鲁盆地的卡那封附近至少可以提供 150 平方千米的无干扰面积。再加上卡鲁人口稀少，是世界上最好的射电宁静区之一。主体建在那里，外围分布于纳米比亚、博茨瓦纳、莫桑比克、马达加斯加、毛里求斯、赞比亚、肯尼亚和加纳等地，是最好的选择。而澳大利亚西部的默奇森天文台，也是地球上最偏僻的地方之一。它的面积差不多是北京的 2.5 倍，长期居住人口则只有 110 人，是理想的射电宁静区。平方千米阵列的主体建在那里，可以由此延伸到新西兰，这一联合台址为望远镜获取最佳的图像分辨率提供了绝无仅有的 5500 千米的基线。

因此，SKA 要"嫁"南非和澳大利亚，自然是明智之选。

母亲不能带着孩子出嫁，如果父亲不愿意养活这个孩子，那么就只能让孩子流产。这个会，就是决定要不要这个孩子，愿不愿意养活这个孩子的会。

这个会之后，南仁东长长地松了一口气。但那之后他又提了一口气到嗓子眼儿：要养好这个孩子，"父亲"肩上的担子更重了。

3

值得欣慰的是，为这个孩子劳心劳力的不仅仅是南仁东，还有一大群人。站在南仁东的身后的，不光是涉及它的 20 多个项目的科研团队，还有一大群民工。

他又要奔赴工地了，临走的前一天早上，他对南夫人说："我今天陪你去逛街呀。"

南夫人意外地问："你怎么有时间陪我逛街了？"跟了他一辈子，他陪她逛街的次数，可是屈指可数。

他说："应该的嘛。不过，去哪里得由我定。"

南夫人猜测着说："你是要我帮忙办什么事儿吧？"

他笑起来，说："算你猜对了。我想去买些衣服啥的，带过去送给那帮民工。他们为建 FAST，天天辛苦得很。我想给他们点儿小礼物，算是聊表心意吧。"

南夫人嗔怪道："那你就直说吧，还撒谎说是要陪我逛街。"

他像个顽皮的孩子那样嘿嘿笑，说："不是怕你舍不得钱吗？"

南夫人说："我啥时候舍不得钱？你要办的事儿，哪一件我没支持你呢？"

他说："那就走吧。"

那天，老两口扛回两个大口袋。第二天去贵州的路上，南仁东的身边便多了一个巨大的拉杆箱。

第八章

——

独一无二的大窝凼

梦始喀斯特，缘定大窝凼。美丽的贵州，有一绿水村，这个刚好能盛起FAST巨型反射面的洼地，成了FAST独一无二的选择。或许是天作之缘，几千年来，大窝凼一直静候着FAST，静候着南仁东和他的逐梦团队。

1

工程在一年前已经开了工，治理边坡、建排水道，大窝凼这阵正大兴土木哩。南仁东一到大窝凼，便爬上了山顶。他喜欢坐到山顶上看它。因为山顶上能看到全貌，只有如此广阔的视野方能承载他的那份喜爱。而这一次，他的感受分明更加真切起来：孩子已经离开母亲的子宫来到了他的怀里，有着他的肤色、他的脸部轮廓，还有着跟他一模一样的黑头发和黑眼睛。

是的，这是他的孩子，是他生命的延续。如果说SKA的离去是一种遗憾，那么FAST平安降生的喜悦则完全可以弥补这种遗憾。而这种弥补带给他的不仅仅是一种平静，而是超出想象的幸福感，一种父亲注视着自己孩子的时候才有的幸福感。他就在这种强烈的幸福感中开始了他第一次时间最长也是最强烈的咳嗽。这样的情况并不少有，但平时他咳嗽上两声也就好了，而这一次他咳了很久，直咳得满脸是泪才停了下来。那时，天色已经接近傍晚，远山正在变成黛青色。就在他终于停止咳嗽抬头时，他似乎从那片颜色正在变深的峰林洼丛中看到了一种冥冥的暗示：是的，南仁东、FAST、大窝凼，这难道不是冥冥中的一种缘分吗？南仁东提出了 FAST，FAST 需要一个巨大的家，而大窝凼亿万年前就等在这里了。

大窝凼是南仁东他们从几百个候选窝凼中挑选出来的。

就当时而言，到底有多少适合建望远镜的窝凼，那些窝凼都在哪里，并没有现成资料可查，而且那时可以用的技术手段又非常有限，他们只能一个一个地找。从 1994 年开始的十多年里，南仁东一直在大大小小的窝凼里走来走去，看来看去。在山民们看来，他比他们的亲戚出现在他们面前的次数还多。在那些灌木看来，他比这山里的牛羊光顾的时间还多。因此，大山里谁跟他都很熟。只要他一出现，牛羊们必然要跟他打招呼："哞——""咩——"而要是正好还遇上个放牛的人，人家也是老早就咧着那缺了牙的嘴笑着问："又来了？"

他回答说："又来了。"

"还没找准啊？"这大山里谁都知道他在为一个望远镜找"窝"。

"没找准哩。"他说。

"听说那个东西能发现外星人？真有外星人啊？"

"有的哟，等我们发现了，抓一个来替你放牛。"南仁东开玩笑说。

人家就开心得不得了，把缺牙的嘴咧得要多大有多大。南仁东跟着大笑，好像他们是在这大山里一起生活了一辈子的投缘的邻居。

也有那得到了他资助的人家，听说他来了，还正好就在附近的大山里，就跑来请他去家里吃饭。来的自然是那位正拿着他的助学金上着学的孩子，都上到中学了，个儿早都蹿到大人高了，但依然害羞，来时一直把双手藏在身后，路也走不好，左脚和右脚老打架。南仁东坐在一大堆人中间，他远远地一眼就能认出来，扭扭捏捏地走到南仁东跟前，他太紧张了，好不容易才挤出一声"伯"。

"你叫我？"南仁东问。

"是的，伯，我爸请您到家吃饭。"孩子的脸已经涨得通红。

南仁东看看他的团队，笑着问："为啥？"

孩子就更加局促不安，一双手还在身后扭，手指头都扭红了："是……您给钱我才能上学。"

南仁东急忙摇手，一经明白了是这么一回事儿，就觉得这事儿小题大做了。南仁东把孩子拉到一边儿，跟自己一起坐下，跟他聊他的学习。但孩子一直铭记着今天的主题，他三言两语就把自己的学习情况介绍完了，便又把话题转到了正题上。

他说："伯，我上小学一年级时您就给我钱，现在我都上初二了。我家穷，要不是您一直给钱，我到现在还在这山里头放羊呢。"

南仁东说："就因为这个，你要请我去家里吃饭？"

孩子不说话，重重地点头。他显得很焦虑，因为他已经预料到今天可能遭到拒绝。

南仁东摸一下他那圆溜溜的头，开玩笑说："那我这一去，不把钱又吃回来了？"

孩子赶紧把头摇成拨浪鼓。

南仁东因为一笔从牙缝里节省下来的小钱，跟这个腼腆的孩子扯上了关系。这会儿他看着这个孩子，感觉就像看着自己的孩子。如果在不认识他之前，他的爱心行为仅仅是出于一种同情和怜悯，那么现在，却是喜爱。他喜爱这样的像灌木一样朴实的山里孩子。因而他非常希望再了解一些孩子的情况：学习成绩如何、最喜欢学什么、最喜欢哪位老师、偏不偏科、今后想干什么。在最后那个问题上，孩子的回答令他十分意外，也十分欣慰。

"上小学时，我的理想是当村支书，但现在我想当科学家。"孩子说，末了还专门补充了一句，"像您这样的科学家。"

"天文？你对天空……感兴趣？"南仁东指指头上的天。

孩子重重地点头，眼睛里全是肯定。

南仁东乐了，他冲旁边的同事们喊道："你们可听好了，咱们这里已经坐着一位未来的天文学家了啊。"

众人就都冲着孩子笑起来。他们可没有嘲笑的意思，半点儿都没有。他们是真高兴，替孩子高兴，也为他们自己高兴。这一次，孩子竟然没有把脸红成番茄色，没有紧张得手足无措。他跟着大家一起笑，笑容竟是那么放松，那么自然。南仁东最后摸摸他的头，说："那吃饭的事儿，就约在你做了天文学家之后吧！"

孩子竟然想都没想就答应了。很显然他更期待的是他们之间的这一个约定，而不是今天父母安排的这顿饭。他决定空手回去了，而且再不打算把双手藏在身后。只不过，他还不能像没人时那样由着它们，他顺手扯了根草穗拿在手上，随意转着草穗，显得非常自如了。南仁东送了他几步路，最后又拍了拍他那稚嫩的肩，叮嘱了一句"好好上学"。这就是告别了，拍完肩说完话，他就该回了，南仁东也该干活了。

可孩子还有问题："找一个坑儿就那么难吗？"

南仁东一时没明白他的意思，愣住了。

"我是说，你们都找了十来年了。"他说。

南仁东明白他的意思了，说："你以为是给你家母鸡找个下蛋的窝啊？"

孩子说："可是……不能像种苞谷那样吗？种苞谷的时候，我们会挖一个窝。"

南仁东忍不住大笑起来，笑完了，觉得还是应该给孩子认真解释一下。南仁东说："这个坑儿太大了，可不是一两锄头就能挖好的。你想想吧，挖一个直径500米的坑，得花多少钱啊？"

孩子想了想，点点头，他似乎真能深切体会到一个没有钱的家长的难处。

2

为FAST找家，当然不是像给母鸡找个下蛋的窝那么简单。因为可供参考的只有几千张地质图，他们刚开始时只能从1∶500000的地形地质图看起。首先从岩石的分布特征排除"窝"肯定不会出现的地理位置，然后再在其他区域寻找可能适合望远镜安家的"窝"。然后再精确到1∶10000，在一张张茶几大小的图上，沿着密密麻麻的等高线"找圈圈"，并做好标注。就这样从8000多幅图中，找出10000多个圈圈，就花掉了一个科研团队整整3个月时间。或许办法是笨了点，但科学来不得半点马虎。

除了它得是个"窝"，还得苛刻地评价"窝"内的岩体结构、水文情况、长短轴比例、挖填方率是否合适，还有"窝"口的闭合情况、几何形状是否达标，以及整个"窝"的地质灾害、地震风险、气象条件、无线电环境等是否满足条件。除此之外，望远镜的自身安全也很关键。一旦"窝"底的排水系统堵塞，山体中的水将无法流入地下暗河，望远镜就有被淹没的危险。单单这一项，科研团队就得花很多时间找水源。就是找到每一处水源，沿着明河、暗河行走来研究水动力的过程，时常也需要走上很长时间。

因此，到了 2003 年 7 月，他们才从 10000 多个"窝"中筛选出 743 个，形成了"窝"的正式备选洼地数据库。而这 743 个洼地，南仁东都得去走去看，那些被列为优选的，他还得走上很多次。

大窝凼当时就在这 700 多个洼地数据库中。不管时间过去多久，南仁东都能清晰地记得他们最初相遇的那一刻。那一刻他经历了只有初恋时才有的心动。那一刻，是他阅尽了几百个窝凼之后的巨大惊喜——"众里寻他千百度，蓦然回首，那人却在灯火阑珊处"。那一刻，他喜不自禁地喊道："这里好圆！"他就那么眼眶一热，便乐颠颠地在那个直径有着大约 800 米的窝凼里疾走起来（如果他不是刚刚才经历过很远的跋涉，如果他还是个孩子，他一定会是狂奔而不是疾走）。如此巨大的惊喜，都让他有些不知所措了。他又变得像个话多的孩子了，他一边疾走一边环顾四周，不住地说着话。

"这里好圆，是吧？"

"真圆啊，是吧？"

"而且大小应该也合适，是吧？！"

大窝凼虽然也为参与选址考察的另外几十个人带来了惊喜，但别人似乎都很克制，他们并不像南仁东那般激动不已。他们冲他说："圆并不代表就适合FAST。光大小合适也不行吧？"

"那当然，那当然。"南仁东说。他并不扫兴，科学就是科学，它的确不像相个亲那么简单。即便你把它当成相亲，那也不是一见钟情就可以了的。而是要先做严格的婚检，而最终的婚检结果，才是两人是否合适的决定因素。

科学，必须理性。

大窝凼里有一个村庄，叫绿水村。村子不大，十多户人家，十几亩水田。那一阵儿，一种土生土长的叫"花红"的野果已经红透了，挨挨挤挤红成一片，都快把树枝燃起来了。鸡们挤在花红树下午休，有的打着瞌睡，有的懒懒地用泥土洗着澡。狗遇上这一群生人，激动起来；鸡们却处变不惊地照样打着瞌睡，洗着澡，只是脸有些红，大概也跟这山里的孩子一样，是怕羞的。因为狗的激动程度有些不同寻常，留在家里的老人就得出门来看看了。于是，那些敞开的

南仁东科研团队考察台址地形

南仁东科研团队考察台址地形

门洞里，就慢慢出现了人影：黑衣，黑头帕，黑脸，黑眼睛，身后的背景也是老屋特有的黑暗。必须要等他们走到门外了，才能看清他们的性别、大概年纪。而他们出来时，又因为门外光线太强，眼睛一时难以适应，一律都眯着眼睛。突然看到这么一大群生人，他们又都情不自禁地看一眼天，或许这里从来就没一起来过这么多陌生人，他们以为是天上掉下来的。

"老人家好啊！"南仁东兴冲冲地喊。

他们没回应。从来没走出过大窝凼的他们，听不懂南仁东的普通话。还是聂卫东和张聪赶紧用当地话翻译，他们才明白了。

"你们这是要搞哪样运动？"其中一个老人问。这样闭塞的一个地方，或许在老人的记忆中也只有搞啥运动的时候，才会进来这么多人吧。

南仁东说："我们看上你们这地方了。"

老人说："这地方有哪样看头？"

南仁东说："好看啊，这里好圆啊，不是吗？"

老人就都咧开没牙的嘴笑起来："圆倒是圆喽。"

南仁东说："又圆又大，哈哈。"他还沉浸在一见钟情的亢奋中。

老人问："你们从哪里来呀，没见过这种山窝窝？"

南仁东说："我从北方来，我们那边可没有这种山窝窝。"

老人眨巴两下眼睛，狡黠地笑笑，说："北方好啊。"好像他曾经去过北方，对北方有多了解似的。

到这时候，老人们大概也看出这帮人没什么危险了，开始呵斥狗。那些狗一直吵吵闹闹的，也够烦的，挨了呵斥，没趣地夹着尾巴躲到了很远的地方。几名老人合力抬出了板凳放到屋檐下，邀请大家坐。这帮人也的确走累了，就都坐下来歇息。有人跟老人要开水，老人说没开水，因为他们喝的是井水，所以他们从来不喝开水的。那么，就喝冷水吧。水缸上放着一只木瓢，因为长期泡水，早成了一块"阴沉木"，黑黑的，还缺了个口，看样子也是位"老人"了。入乡随俗吧，大伙拿它舀了水，咕嘟咕嘟喝起来。老人见他们如此这般的不嫌弃，心里又多出几分亲近感来。看来人中就数南仁东最老了，有位老人便舀了一瓢，颤颤巍巍地端了来，给南仁东解渴。南仁东受宠若惊地翻身而起，恭恭敬敬地接过水，像渴极了的牛一样海饮，洒出的水打湿了他的胸膛，老人们便无声地笑。

南仁东问为他打水的老人："老人家贵姓啊？"

老人说："我贵姓杨。我们这大窝凼里十多户人家全贵姓杨。"

他的话惹得屋檐下一片笑声。老人家没搞懂"贵姓"的意思。

南仁东问："平时这里天气如何？"

老人说："天气的事儿，老天爷做主哩，他想好就好，他想不好就不好喽。"

南仁东笑，又问："遇上下雨，这四周会滚石头下来吗？"

老人笑，因为没牙，笑的时候不小心，口水就流下来了。他慌忙吸进去，又用手抹了一把，才说："这山牢实哩，除非牛不注意踢了个把石头儿滚下来，一般都没有过。"他口中的"石头儿"不是儿话音，"儿"字可是实实在在的，意思就是石头的儿子。

南仁东觉得这种称呼蛮有趣，又笑了笑。

"你们住这里，要赶个集的话，很远吧？"他问。

老人说："远啦，要走10里远。"

南仁东问："你老人家现在就赶不了集了吧？"

老人说："现在赶不了喽，太远喽。"

南仁东扭头悄声跟身边的张聪开玩笑说："要是在这里建望远镜，你们的安居工程可得考虑离集市近点的地方。"

张聪笑着点了点头。

3

既是一见钟情，又怎能不紧追不舍。2004年2月至2005年2月，贵州省无线电管理委员会和贵州省气象局对大窝凼进行了长达一年的无线电环境检测和气候环境监测。而与此同时，在"洼地三维仿真和台址优选系统"的支撑下，通过专业的定性分析和定量计算，科研团队给出了首批FAST核心备选台址，推荐中排名第一的"窝"，就是大窝凼。

大窝凼附近5千米半径之内没有一个乡镇，25千米半径之内也没有一个县城。

是的，大窝凼正在一步一步靠近FAST，它们的牵手似乎指日可待。那一阵，南仁东的心一直都在嗓子眼儿悬着。勘察期间，为了制定正确而精准的危岩治理方案，60多岁的他，在山里爬来爬去，都快把自己活成一只老山羊了。他当然是可以在山下安心等着的，因为他有一个非常值得信赖的团队。不过，他并不是信不过他的团队，而是这种参与能给他带来巨大的幸福感。正是这种幸福感让他忘记了自己的年龄，因而在他忘我的工作经历中发生一些惊险故事就十分常见了。

记得那年夏季的一天，他们下大窝凼时正好遭遇了一场暴雨。贵州的暴雨来时气势都很凶猛，电闪雷鸣，大雨瓢泼，大山里必然还伴有山洪。他们也知道这一点，但到底琢磨不透山洪的脾性。事实上有时候书面知识是没用的，一般经验也不一定有用。那天的山洪显得有些任性，它并没有在他们认为该出现的地方出现，而是故意要跟他们恶作剧似的，猝不及防就"哗哗"朝着他们冲下来了。情急之间，他们只能慌慌张张往山上爬。庆幸的是，那一瞬间南仁东突然想起自己不是年轻人了，而且心脏也不好。在慌不择路之前，他还想到往嘴里塞了颗速效救心丸。在队友们你一把我一把的拖拽之下，他好歹顺利回到了垭口。而山洪，早在他们到达垭口之前就扑下了山，如果他们晚那么一两步，早已经成为它的口中之肉了。回头间，他们一个个都吓白了脸。

再看南仁东，他可是一副狼狈模样：汗水混着雨水湿透了全身，鞋子裂开了一道口子。可是南仁东却在笑。有惊无险带给人的不光是后怕，还可以是惊喜。南仁东这会儿属于后一种。因为气喘吁吁，他的笑声断断续续，近似于咳嗽声。但那的确是笑，他在笑他那只破了的鞋，这只鞋能证明他刚才逃命时有多慌张多狼狈。

队友们都说："老南，这种时候你还笑得出来呀？"

他还笑，说："你们看我这鞋，还咋穿呀。"

可险的哪里是鞋呢，分明是人啊。队友们说："跟你说过多少回了，叫你不要跟着我们爬上爬下，看这次多险啊。"

可那会儿南仁东却在估量他鞋子的裂口，他说："妈呀，差不多五公分长。"

看队友们不接他的话茬儿，他才意识到应该认真回应一下他们前面的话，便说："好，下次我坐山头上等。"

可谁都知道，他这话也就是说说而已。跟他一起工作时间长了，大家就都能理解他这种孩子气的没心没肺。找了十多年台址，好不容易找到大窝凼这样的——大窝凼周围三座山峰呈三足鼎立之势，每座距离几乎都在500米左右，中间的洼地正好形成一个天然的"灶台",刚好可以稳稳当当地安放 FAST 这口"大锅"。这两年的每一次勘查结果,都是为了证明:大窝凼不仅仅是外表与 FAST 般配,而且内在也是上选。因此,每一个勘查数据,都直接牵扯着南仁东的心尖尖。每出一个肯定的结果,他那悬在嗓子眼儿的心,就往下落了一寸。而这一天的山洪,则那么直观地向他证明了大窝凼排水性能的优良。

是的,大窝凼不仅地形与 FAST 的球面设计十分贴合,而且周围排列的山峰,还可以有效地作为 FAST 圈梁构架的支撑基础;同时,它还有优良的排水功能,可以保障雨水向地下渗透,从而避免了水在表面淤积而造成对望远镜的腐蚀和损坏。其次,大窝凼在 5 千米半径内没有一个乡镇,25 千米半径内只有一个县城,四周山峰环绕,又能有效地避免电磁波干扰,是一个理想的宁静区。再加上它从未有过自然灾害的历史记录,大窝凼,已经证明了自己是 FAST 独一无二的选择。

在奠基仪式上,南仁东与平塘县领导合影

最终得出这个结论的那一天，南仁东忍不住喜极而泣了。队友们全都看见了他的眼泪，那些从 1994 年就等待在他泪腺里的泪珠，终于在那一刻欢欣地涌出眼眶，被他那双黝黑而又粗糙的手揉碎在脸颊，闪烁出星星才有的光芒。十多年啦，这一段时间足以让一个孩子长大，足以让一个成人老去，而南仁东，用这一段时间找到了 FAST 的家。

那是一个艳阳天，天空蓝得如海，当空的太阳将大窝凼照得如粉面少年一般朝气蓬勃。南仁东站在山顶，看着大窝凼对他的团队说："如果我们在平地上挖这样一个直径 500 米的大坑的话，预计要耗资 30 多亿元。因为这不仅仅是挖一个坑的事情，从建筑需求来讲，还要保证它在今后相当长的时间内不会发生塌方。而我们有多少钱？我们的项目资金只有 6 亿。就是说，我们所有的项目资金，都不够用来挖这样一个坑儿。像这样的天然洼地，经历了上百万年甚至上千万年的沉降，是一个很稳定的凹坑，可以保证几十年甚至上百年都没有问题。"

说到这里，他深吸了一口气，将一股清洌的山风直吸到丹田，最后骄傲地自语道："就它了。"

于是，FAST 终于迎来了它的奠基日，那是 2008 年 12 月 26 日（干支戊子年甲子月庚子日）。这天，由中国科学院与贵州省人民政府合建的、国家科教领导小组审议确定的国家九大科技基础设施之一——500 米口径球面射电望远镜（FAST），在贵州省平塘县克度镇大窝凼举行了隆重的奠基典礼。

4

按理说，一颗悬了十多年的心终于落下，换得的一定是如释重负般的轻松。可那之后，南仁东反而变得少言寡语，步步小心了。这个变化是从大窝凼的移民搬迁开始的。这项工作是由平塘县政府去做的，他不用参与。但他无法说服自己就像没事一样，无视大窝凼村民的感受。在这之前，大窝凼是他们的胞衣故土，他们世世代代在这里生活，在这里繁衍生息，在这里耕田绩麻、春种秋收。虽然政府已经在山外为他们建好了新区，还是独立的两层楼房，但毕竟故土难离，他们又怎能舍得离开这里的一草一木，离开那世代养活着他们的十多亩水田呢？而造成这一切的，不是别人，是南仁东，是 FAST。

那一天，是他第一次不为选址工作而走进大窝凼。跟着政府做搬迁动员工作的干部们一起，他第一次那么认真仔细地打量山民们的脸。或许，他想把他们脸上的每一条皱纹都铭记于心，想把他们的每一个表情都读懂读透。这之前的每一次造访，他都是兴奋的，都是话最多的，而这一次，他却始终沉默着。他生怕错过了他们的每一句话，害怕错过了他们的每一个表情和每一个眼神。而他们的每一个表情变化，都牵动着他的心。

"修望远镜当然是件大好事啊，可我们世世代代都生活在这里，怕搬到别处不习惯哩。"

"政府修的房子，固然是比我们这老屋好很多呢，可我们走的时候，搬不走这几亩水田，去了拿啥养活人呢？"

"我们家没手艺人，除了种地，干不了别的呀。"

"事儿肯定是好事啦，搬到镇上住，又热闹又方便，可……真要搬，还是舍不得啊。"

说这些话的时候，山民们的目光没法停留在干部们的脸上，总是随着心的节奏游移，看向山腰那袅袅的岚，看向院坝边那棵花红树，看向半山腰那几棵柏、那几棵松。那牵牵绊绊的岚，那带着青草香的岚，那近得似乎可以揪一朵放进背篓里的岚，到了镇上，可就不一定见得着了。花红树也是没法搬走的，"人挪活，树挪死"啊，虽然那酸酸甜甜的味道还停留在舌苔上，可明年的这个时候，它就盼不到人来采摘了。即便是远处那一洼水田里只剩下收割后的稻桩，目光投向它的时候，也是充满了不舍。曾经，是这一族杨姓的祖先将它们开辟为水田，可今天，他们就要抛下它们，离它们而去了。千百年生就的骨肉情，又怎能轻易割舍。如果FAST跟大窝凼的缘定值得欣喜，那么他们跟大窝凼的缘灭，便只能是一种感伤了。

而这种感伤，到了正式开工的那天，又显得尤为浓烈。

2011年1月23日，中国科学院国家天文台、贵州省发改委、贵州省黔南州人民政府、平塘县人民政府、北京中城建建设监理有限公司、中铁十一局集团及各新闻媒体近300人在大窝凼隆重举行了FAST台址开挖工程典礼。然而这个典礼上，最让南仁东心里纠结的却是列席的那些个大窝凼的原住民。他们最终还是舍下了这个相守了上百年的家园，搬到了克度镇，正在慢慢适应一种新的生活方式。这一天，他们再次回到这里，是想最后再看它一眼，看一眼他们世代居住的老屋，看一眼屋前屋后那茂密的竹林，平地那一洼水田，半坡那高高矮矮的柏树……他们要跟它们作一次最后的告别。这样的回眸总是伤感的，你见那目光缠缠绵绵地伸向它们，树间草间，还有那长了青苔的老屋顶上，伤感便像糖稀一样化开来，流成一片汪洋。

搬家那天的景象，就在那片汪洋中荡漾着，并逐渐清晰起来：女人手上抱着孩子，背上背着个背篓，背篓里是一只才3个月大的猪崽。男人牵着老水牛，牛背上驮着今年收获的几百斤谷。老水牛知道这是搬家，走起来并不像往日出门那么心情舒畅，因而老挨男人的鞭子。那走在身后的女人，就不得不斥责男人："你老打它做哪样，你要着急，你开汽车去呀！"已经长大了的孙子搀着奶奶，奶奶怀里又抱着她那只心爱的虎斑猫。奶奶走得磨蹭，几乎是三步一回头，虎斑猫有一次趁她回头间就挣脱跑了，跑回老屋去了。奶奶哽着喉咙喊："你个挨刀砍脑壳的，还不快回来！"可猫哪听呢？回来？什么叫回来？我这就是回来呢，我都回到我的灶台上了，我的猫碗还在这里呢。猫碗里还有一小半碗饭，够管它明天一天的饱。至于明天之后吃什么，到时候再说吧。猫在灶台上蜷了下来，任由老奶奶一声声地喊。许是受到它的影响，就在它刚蜷好身体时，一头猪挣脱了主人的缰绳跑回去了。当然，这头猪很快又被主人抓住，并带走了。而猫，或许因为它不过是猫，并没有人回来抓它……

今天来这里的，有猫的主人。他是老奶奶的儿子，50多岁的粗糙男人，心里原本并没有那种爱猫的柔情，但他还是想起了那只猫，而且长长地唤了起来："咪——"他竟然发现自己想它了，要是它还在，他一定要将它带回新家去。

跟着而来的3月25日，FAST工程正式动工。那一天，工程队开始砍树平地，挖掘机开始动工。那一天，村民们没有回来。也是那一天，南仁东红着眼眶看着大窝凼，终于说出了他的心事："造不好，怎么对得起人家啊！"

<h2 style="text-align:center">5</h2>

从山顶上下来，南仁东直接去了工地。那里有原住大窝凼的杨瑞松夫妇，早些年，夫妇俩一直在外地打工，家里只有老人和孩子留守。FAST项目开工后，南仁东建议他们留下来，留在大窝凼干。这或许也是南仁东找到的一个力所能及的报答方式吧，这样一来，他们就既能打工挣钱，也能照顾老人孩子。因为

大窝凼全景

大窝凼施工现场，南仁东与施工人员在交流讨论

这一阵事儿多，他们留下来以后，他还没认真去看过他们。仅有的两次关注，也只是打听了一下他们干得安不安心。

而今，FAST 已经放开母亲的手，开始了蹒跚学步。这时候他突然特别想去看看他们，就像一个在外闯荡的游子，有一天终于闯荡出了点名堂，便特别渴望回乡，特别渴望去见见那些一直被他藏在心里头的亲人。

南仁东朝杨瑞松夫妇走去的时候，杨瑞松回头瞥了一眼南仁东，但他竟没认出南仁东来。倒不是杨瑞松的眼神有多差，主要是南仁东看上去太像个农民工了。十多年，在贵州这片大山里跑来跑去，他的皮肤已经晒成黝黑色，再加上他那身随意的穿着，头上又戴了个安全帽，杨瑞松以为自己看到的不过是这工地上某一位老大哥罢了。一直到南仁东走近，杨瑞松才从他的安全帽上认出了他是谁。南仁东的安全帽上，写着"南仁东"三个字儿。这位年轻山民的眼神顿时闪亮得像夜晚的明星："南老师。"他语气里满是意外。

南仁东说："我怎么感觉，要不是我戴着个帽子，你们就认不出我来了？"

杨瑞松咧开一嘴白牙笑起来，说："哪里啊。"但杨瑞松心里却不得不承认，南仁东的感觉很准确。杨瑞松停顿了一会儿接着说："也是因为南老师穿得太朴素了，第一眼我还真没认出您来。"

老婆就在旁边，他们原本一直就是搭档着干活的。杨瑞松跟南仁东搭上话的这会儿，她就像棵向日葵一样站在那里，满脸笑容。她的脸颊上生着两块巨大的晒斑，皮肤也是泥土的颜色。可在南仁东看来，这样的一张脸笑起来，一样是世界上最美的笑脸。

"怎么样，你们？干得还习惯吗？"南仁东问。

"怎么会不习惯呢？我们从生下来就开始干这样的活。"杨瑞松说。

看"向日葵"一直没吭声，南仁东专门扭头问她："你呢？吃得消吗？"

这话可把她逗得忍俊不禁，她抿着嘴笑完了，才说："我们这样的人，一辈子干的都是苦力活，哪有吃不消的呢。"

南仁东找了块石头坐了下来，说："你们也歇会儿吧。"

杨瑞松就近找了个地方坐下来，他老婆却依然站在那里，用铁锹把子撑着下巴。

"住进'新村'以后，还习惯吗？"南仁东问。

"对于我们来说，当然住在'新村'要比当初住在这里好啊。镇上又热闹又方便，不说别的，娃儿们上学就方便多了。"

两口子的心思一样，一句话，他说前半截儿，老婆说后半截儿。她说："老人们稍微有点儿不习惯，往些时住在这里，吃根葱啊什么的，出门去掐就是了。'新村'没有菜园子，老人们又从来没买过菜吃，你叫他去买根葱，他还觉得丢人。"不过并没有埋怨的意思，说完了，她还嘿嘿笑。

杨瑞松补充道："过一阵儿就习惯了。"

南仁东一时不知道说啥好，就沉默着。就是这个时候，他看到了杨瑞松脚上那双破解放鞋。那鞋破旧得不成样子，脚指头都探出头来了，脚后跟的鞋面也成网状了。

"你这鞋……都这样儿还穿？"南仁东问。说着话，他又把目光移到杨瑞松老婆脚上，发现她的鞋也并不见得好到哪里去。

杨瑞松看着自己的脚笑着说："反正干这泥巴活，穿好穿烂都一个样喽。"他看上去的确像个苦行僧，说话的时候摇晃着脑袋，似乎蛮开心的。

杨瑞松老婆也说："我们不是穿不起鞋，他有好鞋的，只是干这泥巴活，穿双好鞋也烂得快。"

南仁东说："哦——"感觉上，他似乎是为了表明他听明白了，但事实上那会儿他正在走神儿，他在想：不如我送他们两双鞋吧。这样想着，他便问起了他们的鞋码，问他穿多大码，她又穿多大码。话题一直在鞋上，那两人也没多想，随口就告诉他了。那之后南仁东又突然想起问他们："这里变成现在这个样子后，你们还找得着你们家原来住的地方吗？"

两口子便争着指给他看，在那里，就那个地方。

南仁东沉吟一会儿，问："你们……不怨恨吧？"

两口子又争着说："哪能啊，国家建设更重要嘛。再说，我们现在住的地方更好啊。"

南仁东笑笑，说："你们真是通情达理啊。"

这样说着，南仁东已经站了起来，左手拍干净屁股上的泥，右手再拍拍杨瑞松的肩，说："我到别处去看看。"

"南老师慢走。"夫妇两个说。

南仁东在这个直径800多米的工地上转了一圈儿回去，竟然把晚饭错过了。其他人早已经吃完了饭，该干什么干什么去了，食堂里只剩下他们吃完饭留下的空盘子，盛菜的塑料盆盆底还剩着点儿菜渣。

　　为他们做饭的也是原住大窝凼的胖嫂。胖嫂因为在大窝凼最胖，所以得了"胖嫂"这个绰号。胖嫂身体胖，心也宽，平时说话大大咧咧，大笑的频率也很高。这帮科学家平时工作都苦，有时候闷着头干一个上午，头昏脑涨的。吃饭的时候，听听胖嫂那大嗓门儿的笑声，人一下就轻松了。可不知为什么，在南仁东跟前，胖嫂从来都很严肃，甚至在背地里说起南仁东，她也会立即变得严肃起来。事实上在刚才吃饭的时候，他们还说起了南仁东。话题是南仁东的学生杨小清提起的，杨小清因为到了吃饭的时间，却见不着南仁东，跑去彩钢房里也没找到南仁东，便回头来问胖嫂："老爷子今天没说不吃饭吧？"

　　胖嫂白他一眼，说："老爷子老爷子的，南老师不老。南老师回来了？"

　　南仁东的助手姜浩宇开胖嫂玩笑说："胖嫂，老爷子回来了，也没来你这里报到啊？"

　　胖嫂立时就瞪了眼，咬了嘴唇跺脚，开这样的玩笑，她可真急了。她说："你们这帮年轻人，说话别没大没小的。"

　　姜浩宇说："你不懂，'老爷子'是最亲切也是最敬重的叫法了。"

　　胖嫂怒目圆睁，问："是吗？可我怎么看你们当着他的面儿却不敢那么叫呢？"

　　这话便让一屋子吃饭的人都笑起来，因为这帮子年轻人全都在心里敬着南仁东，也怕着南仁东。胖嫂这话，是说到点子上了。

　　南仁东忙起来就没个定数，他要是不能在饭点儿赶到食堂，就有很多种可能：可能在办公室，可能在工地，可能去县里了。杨小清看过了，办公室没有，工地那么大，不好找。因此，即便他不是去了县里，也只有等等再说了。

　　杨小清叮嘱胖嫂："待会儿看情况吧，要是老爷子错过了饭点儿，你就给他炒两个鸡蛋。"

　　南仁东果真错过了饭点儿，胖嫂说："你等等，我给你炒个鸡蛋吧。"

　　南仁东说："不用了。"

　　南仁东把每一个塑料盆都刮了个底朝天，盘子里就有了剩菜残羹，他觉得这已经够他吃了。胖嫂看着他那一盘子寒碜，心想，那怎么吃啊？可她却再不敢说要炒鸡蛋的话。南仁东经常错过饭点，经常都这样对付。每一次，胖嫂都是十分愿意为他加个炒鸡蛋的，可他每一次都说"不用"。他是这工地上年纪最大的，他这个年纪要是在当初的大窝凼，要是在胖嫂的家里，早已经被列入老人之列。而在一个大山里，凡老人就都应该得到特殊的照顾和体贴。更何况，南仁东还是因为工作才错过了饭点儿，总之他有很多理由加一个炒鸡蛋。可不知为什么，他一说"不用"，胖嫂就不敢坚持。

老爷子（其实胖嫂心里也是这么叫的）虽然有些时候是严肃了点，但他跟胖嫂说话的时候从来都没板过脸。就是他说"不用"的时候，也都要跟她笑一下的。就是说，胖嫂怕他，怕的不是他这个人，而是一种胖嫂说不明白的东西。或者可以说是威望？可这个词汇，让没上过一天学的胖嫂理解起来，还是相当难的。她可能会理解成"架子"？可南仁东又从来没在人前摆过什么架子。干脆说，是因为南仁东吃饭的态度吧。南仁东吃饭很不专心，不关心盘子里什么菜，也不关心嘴里吃着的是什么味。吃饭对于他来说，似乎就是一个任务，他把饭吃下去就可以了。

胖嫂从来没见过吃饭这么不上心的人。他吃着饭，心思却有可能在他那间简易的办公室里，也有可能在工地上，或者在某一张图纸上。看着他吃饭，胖嫂不自觉就会充当一个替他辨别味道的角色，他送进嘴一口白饭，胖嫂就知道那一口很没味。他要是胡乱送进一口乱烩，胖嫂就满嘴的酸甜苦辣。她想不明白这世上竟有人对食物那么漠然。她怕着敬着的正是这种令人费解的漠然。

要是有人来问她有没有给南仁东加菜，她就会火气十足地回答："以为南老师像你们啊。"

南仁东这里正吃着饭，杨小清进来了。杨小清脖子上搭着条毛巾，手上拿着个漱口杯，这是要去洗澡了。工地上只有公用浴室，洗澡得排队，所以，洗澡的时间就得有所安排。

"南老师刚刚去哪了，又过饭点儿，菜也没了。"杨小清一边说着话一边朝南仁东盘子里瞅，自然就瞅到了一盘子剩菜，便问胖嫂："不是叫你炒个鸡蛋吗？"胖嫂还没来得及回应，南仁东已经说出了一串"不用"。南仁东用勺子敲敲盘子，说："我都快吃完了。"许是因为急了，南仁东咳嗽起来，还咳得眼泪鼻涕直淌。胖嫂见了，忙从厨房端了碗热水出来。南仁东喝下热水，止住了咳嗽。南仁东擦着眼泪笑着对胖嫂说："谢谢啦。"胖嫂露一脸嗔，意思是他太客气了。

她小心地问："着凉了？"

南仁东又咳嗽了一声，说："可能是刚才在山顶吹了点儿风。"

她更小心地问："那……我给你熬碗姜汤？"

南仁东说："不用麻烦，不用麻烦。"

但胖嫂还是熬姜汤去了。

杨小清在南仁东的对面坐下来，闷闷地坐了一会儿，才小心翼翼地问他："南老师……我们的 FAST……不受影响吧？"

南仁东当然知道杨小清问的是什么，白了一眼这个把所有压力都体现在一脸青春痘上的博士生，说："你看我这样子，像是受到了影响吗？"

杨小清立即就释然了，说："太好了。"

南仁东说："大窝凼都找到了，FAST 为什么还要胎死腹中？要是这一次 FAST 退缩了，别说我南仁东不答应，就是大窝凼也不答应啊，是吧？"说到这里他嘿嘿笑起来，"这大窝凼可是专为 FAST 而生的啊。"

不过南仁东又说："好是好，只是接下来，你的青春痘就只会越来越多了。"

杨小清觉得不好意思，只是抠着脸上的痘痘笑。

南仁东说："因为我们没有退路，只有把 FAST 建好。国家投入那么多钱，贵州投入了那么多人力、精力，还有满腔的热情和期待，还有大窝凼的这些村民，为建 FAST，他们贡献了家园……我们要是建不好，就对不起国家，对不起贵州人民，对不起平塘县大窝凼的乡亲，对不起团队。"

杨小清深吸一口气，说："怪不得没见您有多开心。"

南仁东说："你都是博士了，应该知道开心跟轻松是两回事儿。"

这里说着话，胖嫂的姜汤就端上来了，热腾腾冒着白汽，飘着姜的辣和红糖的香。

"喝了吧，南老师。"胖嫂说。

南仁东脸上露出了灿烂的笑容。

6

那天晚上，南仁东让住他隔壁的小雷帮忙，把他从北京带来的那只可以装下一整个人的大箱子抬进了民工们的工棚。

那时候，民工们都歇下了。有的坐床上剪脚指甲，有的歪着身子在闲聊，有几个凑一起打着纸牌，见他们抬着一个箱子进来，便全都朝这里望。

"这是啥玩意儿呢？"有人凑过来问。

南仁东没说是啥玩意儿。他打开箱子，露出一箱子的衣物来。他说："这是我跟老伴去市场挑的，很便宜，大伙别嫌弃。"他拿出外衣、T恤、牛仔裤，一个一个地发，说："我也拿不准你们的尺寸，是估摸着买的，大伙先拿着，回头你们互相调换一下吧。"

民工们接过衣服的时候，显得很不好意思，他们说："您太客气了，还给我们买衣服。"

南仁东说："也不是多贵的衣服，顶不了多大事儿。你们太不容易了，也就是一点小心意吧，你们不嫌弃就好。"

这样一来，剪脚指甲的也不剪了，打牌的也不打了，全都试起衣服来。正好合身的，便满意地拍着肚子，说："正合适，正合适，就像比着买的！"那发现裤腰大了的，便扯着大出来的裤腰咋呼呼地喊："太大了，太大了！"这边的就喊过去："大了你就不能拴根裤腰带吗？""大了你跟我换，我的腰比你粗……"

吵吵嚷嚷一阵，大家就都找到了适合自己的衣服，安静了下来。大家穿着刚得到的新衣服，就跟南仁东聊了起来。南仁东记性特别好，这里的大多数民工他都还记得名字，而且凡是之前跟他聊过天的，他都还记得他们的一些家庭情况。

"夏天林，前阵儿你不是说你老婆要生老二了吗？生了吗？"南仁东问。

那位叫夏天林的黑脸汉子急忙回答："生了生了，都快满月了。"

"生了个啥？"南仁东问。

"生了个小姑娘。"夏天林显然对这个结果很不满意，说这话的时候，声音很沉闷。

南仁东看出他的不满意来了，说："你别不满意，人家说'生个儿子是建设银行，生个姑娘是招商银行'，你是身在福中不知福。"

夏天林自嘲说："要是生出'银行'来倒好哩。"

这话引出一棚子笑声，南仁东也大笑着说："你没懂我的意思。"

这时候，旁边有人递给他一碗水。碗是这个工棚里的民工们公用的，所以递水的人一脸的自卑和小心。但南仁东看都没看，接过来就喝。这样递水的人就很开心了，咧着嘴笑出一脸感动来。

南仁东便扭头聊起他来："你呢，我知道你叫鲁米，是普米族，家住在泸沽湖边上，对吧？"

"你怎么还记得我？"鲁米的黑脸红成了绛色。

"我当然记得，你还跟我聊过你们的'走婚'风俗，不是吗？"南仁东又开玩笑说，"我想知道，我这样的老头子，在你们那里还能不能'走婚'呢。"

这回，笑声就爆棚了。

……

从工棚回到宿舍，已经是深夜，南仁东却在那时候突然起了诗兴：

> 春雨吹醒了期待的嫩绿
>
> 夏露折射万物的欢歌
>
> 秋风纺织七色锦缎
>
> 冬日下生命乐章
>
> 延续着它的优雅
>
> 大窝凼时刻让我们发现
>
> 给我们惊奇……

第九章

——

战术型老工人

　　一个脚踏实地又高入天际的梦想，必须建立在坚实的科研成就和博大的知识基础之上。为了保证项目的万无一失，作为 FAST 首席科学家兼总工程师，南仁东不仅要做项目的主心骨，还要孜孜不倦地补学力学、测控、水文、地质等知识。这就意味着，他不仅要是一位战略大师，还得是一位战术型老工人。

1

　　从县政府大楼里出来，南仁东对司机说："你找一个有鞋卖的地方停一下。"

　　司机问："您要买鞋呀？"

　　南仁东说："是的。"

　　司机说："那得看您买什么鞋。"

　　南仁东说："就解放鞋，工地上穿的。"

　　司机心里有了数，便把车停在了一家小杂货店门口。南仁东下了车，杨小清也跟着下了车。杨小清好奇老爷子怎么突然对解放鞋感兴趣了，团队里可没人穿过那么土的鞋。

　　南仁东在拥挤不堪的货架上搜寻解放鞋的身影，店老板就过来了。

"请问需要哪样？"店老板问。

南仁东说："解放鞋。"

店老板指指货架下面，那里躺着一堆解放鞋。

"多大码？"店老板问。

南仁东想了想，记起了那两个数字："一双 43，一双 38。"

买了鞋出来，杨小清终于忍不住问："南老师您这是……"

南仁东把装着鞋的塑料袋递到他手上，说："待会儿你找个时间，把它们给杨瑞松夫妇送去。"

杨小清这才恍然大悟："原来您是为他们买的呀。"

南仁东说："小意思吧，但愿他们不嫌弃。"

末了，他又突然想起自己还为杨瑞松夫妇留起来两件 T 恤，又忙叮嘱道："去时你记住到我办公室拿上那两件 T 恤。"

上了车，南仁东又说："你打个电话安排一下，我们到了，就让人把那个水窖的图纸送过来给我看看。"

杨小清嘴上说着"好"，心里却在嘀咕：怎么连个水窖的图纸您也要审啊。不过转念间就想通了：南仁东就是个完美主义者，即便是 FAST 这么大的工程，他也不会忽略每一个细节。懂的要管，不懂的也要学着去管。背地里，大家都说他有"强迫症"。

到了工地，图纸真就在第一时间送过来了。杨小清让南仁东先歇会儿再看，他没有理会。图纸到了他手上，他就没耐心歇会儿再看了。南仁东一边走路一边看，他的办公室在二楼，从拿到图纸的地方到他的办公室，大约 20 米距离，这段路走完，他已经把图纸看完了。

杨小清替南仁东打开办公室门，南仁东便迫不及待地坐到办公桌前，拿笔画了起来。几下之后，他扔了笔，摘了老花镜，对杨小清说："你给他们送过去，这个图纸存在好几处问题，要他们改好了再送来。"

杨小清拿了那张被南仁东画了好几个圈圈的图纸，正要出门去追那个送图纸过来的人，南仁东又叫住杨小清说："还是我自己去送吧，你忙你的去，我忘了你是个科学家，而不是我的秘书。"说完他哧哧笑两声，拿了图纸下楼去了。

看着他匆匆的背影，杨小清想说什么，张了张嘴，又没说。不知从什么时候开始，老爷子的背已经不那么直了，头上也添了白发。工地坑洼不平，他无法走出矫健的步伐，那张图纸在他手上像一只找不到平衡的翅膀一样扇来扇去。但就是这样，南仁东也跟着送图纸过来的人，来到了水窖施工的地方。

这一点，让送图纸过去的人很惊讶。但还有更令人惊讶的在后头：他圈出的那些地方，还真是有问题。

承包这个水窖的工头有着一口烟熏的黑牙，他看过那张被南仁东画了圈圈的图纸后，像要骄傲地展示他那口黑牙似的张了好半天嘴。

"你这个天文学家，还懂土建？"工头问。

南仁东笑笑，说："你试试吧，看什么事能在我这里蒙混过去。"

工头灰了脸，但旋即就咧嘴笑了，笑出一口的黑牙来。

就那会儿，南仁东的手机响起来。电话是一位副经理打来的，他们马上要开一个关于支撑塔的会议，说如果南仁东这会儿有空的话，就请他参加一下。作为总工程师，南仁东虽然不用参加每一个这样的例会，可谁都知道他很苛刻，之所以开会时叫上他，是免得之后他那一关通不过，又得回头重来。事实上，他也不一定会在每一个会上都发什么言，只要方案是他满意的，他可以整个会上一声不吭。但大家都知道，要让他满意，可不那么容易。就说关于支撑塔的问题，这个工程团队可是一开始就领教过他的固执的。根据大窝凼山峰排列的情况，支撑塔打乱排可以减少很多工作量，因此一开始的设计就是打乱排的。可南仁东不同意这个设计方案，他要求等距排。

他们说："南老师，找到差不多的缓坡就行了，这几个塔未必需要太对称吧？"

南仁东说："不行！6个塔一定要均匀分布，这样看起来才有美感。"

可就他这一句话，一切又得从头开始。打那之后，大家都清楚了：他们摊上的这位总工程师，不光苛刻，还是个艺术家，是个完美主义者。因此后来大家就都养成了一个习惯，不管大会小会，都请他参加。

回去的路上，南仁东遇上一群负责测试工作的硕士生正抢着剥栗子吃。那本就是一群闹喳喳的年轻人，他们一边踩着栗球，一边大声地抱怨着自己都有好久没能回家了。有说一个月的，跟着就有说两个月的，反正你说你委屈，我就比你更委屈。正吵着，看南仁东过来了，他们便全都闭了嘴，眼神儿怯怯的，刚跟南仁东对上，又急忙往嘴上抹蜜："南老师，吃栗子。""刚摘来的，新鲜的。"

南仁东看看那一地的刺球，笑道："你们厉害，那东西像刺猬样的，我这老牙吃不下。"说话间他并没有停下，扬扬手已经走了过去。可那群硕士生嘴里的话还没说完："这个是要剥着吃的。"

南仁东一边走路一边冲着身后扬手致谢，说："谢谢，你们吃吧，我得马上去开个会。"

他的身后，是那群年轻人的嘀咕声：

"你真以为他不知道这栗子怎么吃吗？他那是在开玩笑，你个傻瓜。"

"你们刚才还叫唤自己多久没回家了，看看人家南老师，家离得那么远，年纪又那么大，不也要很久才回一次家吗？"

2

正常情况下，台址挖好了，设备基础工程就应该同时做完。可台址挖好了，边坡治理也好了，钢索疲劳问题依然没有得到解决。而这个问题解决不了，反射面的结构形式就无法确定，设备基础工程便无法开展。一开始，谁也没有想到寻找合适的钢索材料会那么困难。传统射电望远镜采用的是独立分块反射面单元技术，而 FAST 反射面的主要支撑结构将必须采用创新性的索网技术。这是南仁东在 2002 年 FAST 技术年会上正式提出的概念。当时有人问他："原来的技术应用已经很成熟了，为什么要改？"

他说："很简单，因为省钱。"

事实也正是这样，反射面放在索网上面，对坑的弧度要求就没那么高，工程耗费也就没那么大。但这样一来，索网的制造和安装难度就相当大。首先要求钢索结构要具备超高疲劳性能，钢索构建疲劳强度不得低于 500MPa，可是他们从知名企业购买了十余种性能最好的钢索结构进行疲劳实验，竟然没有一家符合 FAST 的要求。

这两年，他们一直不停地做着钢索疲劳实验，然而 FAST 对钢索结构的性能要求，已经远远超过国内外相关领域的规范，没有任何一家企业能够提供相关产品。近百次的实验，都以失败告终。而这个问题解决不了，便意味着 FAST 工程没法继续，意味着它可能因此而夭折。

这是 FAST 遇到的一个致命危机。

只要时间允许，南仁东每天都会雷打不动地出现在大窝凼施工现场，走走停停，查看着这里的一切，时不时抬头看向遥远的太空，从他深邃的双眸里，能看到梦想的力量

南仁东怎能允许这种情况发生呢？

每一次实验失败，都会令他长时间寝食难安。而那些期待下一次实验的日子，一样让他睡不好觉。那些煎熬的夜晚，他的房间总是通宵亮着灯。透过窗户，你能看到满屋子烟雾。那些日子他留下的烟头，也足以堆起一座土丘。而这一阵，大窝凼的夜空下，又多了他的咳嗽声。黑夜里，太阳睡了，大山睡了，草木睡了，虫子们也睡了，他却在咳嗽。因为长时间忽视自己的身体，身体开始向他提出严重的抗议，轻的时候，只让他咳嗽半晚，重的时候，要让他咳上一整夜。

于是，他的助手们、学生们、同事们纷纷向他提出各种建议：

"老南，你就不要抽烟了。"

"南老师，你干脆住镇上吧，你那身体，住这工棚不行。"

"你还是抽时间回去看看医生吧。"

可这些建议，南仁东一个都没采纳。他倒是很乐意地接受胖嫂每天晚上为他准备的一大碗姜汤，有那碗姜汤润喉，他能少咳嗽一阵儿。可时间长了，姜汤也失去了效用。他那撕心裂肺的咳嗽声，又充满了一个又一个夜晚。

终于，大家都决定赶他回北京看医生，像开过会似的，全都在那一天的晚饭上提出了这个要求。的确是要求，而不是建议。都说的是"你一定得回去看医生了""你必须回去看医生"。不仅说，还当即就推选了杨小清，让杨小清第二天就负责陪南仁东回北京，还立马就有人主动要为他们订车票。他们没给南仁东留商量余地，但还是遭到了南仁东的顽固抵抗。他说："这个关头我怎么能走呢？"他说："不就是个咳嗽吗，要看个医生也不用跑回北京吧。"他说："我自己的身体我还不了解吗？也就是抽烟多了引起的咳嗽而已，有什么大惊小怪的？"他看上去因为他的队友们没给他留商量余地而十分恼火。他生了气，别人就是赶也赶不走了。

不过他还是知道自己生气得有些过火，生完气，他又跟大家道歉，说"对不起"，末了又做出让步，说："你们就是听不得我咳嗽，为了不再吵得你们睡不着觉，明天我就去县里看医生。"

那天晚上，杨小清去了他的宿舍。

那时候，南仁东正在灯下看一本关于水文方面的书。虽然在天文学方面他已经有了非常高的造诣，但 FAST 是一个全新的创新工程，涉及近 20 个专业，他必须凭借他渊博的知识和早年在无线电厂里的积累，以及不间断的补课，把自己变成一个工程技术的通才。

见杨小清来了，他抬起头问："有事儿？"

杨小清说："我……明天陪你回北京看病吧。"

他很意外："我们不是说好了，明天去县医院看吗？这紧要关头，哪有时间回北京看病？"话说急了，他又咳嗽了两声。

杨小清说："那年，我被查出患有多发性甲状腺结节，医生认为可能是恶性的，建议我马上治疗。你当时不也催我抓紧治病，别耽误了吗？那时候，FAST工程正处在攻坚阶段，多个系统和子系统的方案都没有确定，您作为FAST的首席科学家兼总工程师，也有太多事情要做，可我在医院手术期间，您不还抽出时间到医院去看我吗？健康关系到别人的时候，被您看得那么重要，到了您身上，怎么就变得不重要了呢？"

南仁东像牙痛一样吸了一口冷气，这是要生气的前兆了。他说："那有什么稀奇的，你是我的学生，是FAST项目的一个重要分子……"

杨小清打断他说："可难道我能比您更重要吗？"

南仁东说："你当然比我更重要，你还年轻，是国家的希望和未来……"

杨小清不顾礼貌地再一次打断他的话："我不想听您讲大道理，我只知道您对我们，并非仅仅是上级对下级、老师对学生，我们也更愿意把您当成一位长辈……甚至父亲。"

杨小清仿佛有说不完的话："您还记得我手术后的一个周末吗？我们在公交车上偶遇，您老远摇摇晃晃走过来摸我的脖子，看我恢复得怎样。当时我妻子也在场，下车时，妻子对我说：'你这辈子能遇上南老师，真是你的福气。'"

南仁东摘下老花镜，不相信地问道："你来，就是想叙旧？"

杨小清说："我只是希望，您也能重视您自己的健康。"

南仁东说："那你就直说吧，何必要那么煽情？"他或许觉得杨小清的煽情真有点可笑，就笑起来。

可杨小清还是说："明天我们回北京吧？我马上就订票。"

南仁东不笑了，他用力地回答了一声"不行"，接着又说："你别担心，我自己的身体我了解。你看这会儿我不是没咳嗽吗？"

3

第二天，他的确去了县里。可他到了县里也不是直奔医院看医生的，而是先到县政府协调了两件事儿才赶去医院。那时候县医院都快下班了，医生也疲惫地耷拉着眼皮，他给南仁东开了几项检查的单子，但因为快下班了，检查只能排到第二天。南仁东嫌做那么多检查太耽误时间，便对医生说："干脆帮我开些止咳药吧。"

医生说："最好是找到咳嗽的原因。"

南仁东说："咳嗽的原因我知道，就是抽多了烟。您只要给我开些止咳药就行。"

医生看了南仁东一眼，说："你这岁数，最好还是好好检查一下。"

话虽这么说，但医生已经开始开处方了，一边开着处方，一边又叮嘱南仁东说："都这个岁数了，还是把烟戒了吧。"

南仁东忙不迭地说："戒、戒，回去就戒，都是抽烟害的。"跟着，他又说了两声"谢谢"。完了，他又说："忙，有空了一定来检查。"

拿了处方、划价、交费、拿药便都交给了杨小清。他原本是坐在大厅里等着的，可杨小清拿了药出来，他却不见了。打电话，占线，杨小清急了，找到车跟前，发现他站在那里打着电话。见杨小清来了，他掉头就上了车。杨小清钻进车，司机便懂事地打上了火。这时候南仁东的电话也打完了，他叫司机"抓紧"，司机就猛踩了一脚油门。车跑起来后，他又批评起杨小清来："你太磨蹭了，拿个药花这么长时间。"

杨小清想辩解一下，但还没张嘴，南仁东便伸手跟杨小清要药。杨小清把药给了他，他打开来看看，捡了一把在手心，就着矿泉水吞了。而后他对杨小清说："放心吧，今晚你们能睡个好觉了。"

杨小清说："我们倒没关系，关键是您，您这一阵都长黑眼圈儿了。"

南仁东说："很快就会好起来的，钢索的问题，我已经想到了一个好办法。"但南仁东没有告诉杨小清是什么办法，杨小清的研究不在这一块，南仁东没必要跟他浪费口水。

回到工地，南仁东便火急火燎地召集钢索组的所有成员开会，第一时间便把自己刚想到的办法抖搂了出来。谁也想不到他会提出用弹簧作为弹性形变的载体，来解决钢索疲劳问题。对于科学来说，这无疑太天马行空了。他说完之后，其他成员全都无语地张着嘴。他原本因为这个想法激动了好久，从县城回到工地，这一路上他心潮起伏。可没想到，他这个想法会在这里受到这么大的打击。所有成员的表情都在告诉他，这个想法有多不切合实际。

"为什么？"他着急地问，"为什么不可以？"

没有人回答他为什么。姜浩宇慢吞吞地走到黑板前，开始照着南仁东的设想画设计图，图画完，就什么话都不用说了。

姜浩宇将粉笔头扔到地上，退到一边看着南仁东，南仁东满心的希望就这么一点一点地暗淡下去，直到熄灭。南仁东像石雕一样杵在黑板前，两眼直直地盯着姜浩宇画的那张终极版的弹簧方案图，像一块石头一般沉默着。

会就这么散了，还没开始，就已经散了。没有人打扰南仁东，因为他们跟南仁东一样没有办法。就这样，他们一个一个悄无声息地走了。姜浩宇是最后一个离开的，到了会议室门口，他回头看了老爷子一眼，那一眼，他觉得他看到的不是一个著名科学家，而是一个无助的孩子。

那一晚，他们竟没有听到南仁东咳嗽。

4

既然这个世界上没有适合 FAST 的现成钢索，南仁东他们便只能将方向转向钢索的研制。就是说，他们要为 FAST 量身定做钢索。原本在 FAST 工程项目上与国家天文台进行合作的科研、工程单位有几十家，但曾做过钢索疲劳实验的只有一家。而且，这一家也无法提供可以借鉴的经验。FAST 的钢索问题，必须从头独辟蹊径。

关于钢索疲劳问题，业内当时有多种不同看法。有认为是摩擦腐蚀问题，有认为是锚固技术问题。要为 FAST 量身定做钢索，就得找到问题的根源，因此研制工作要在涂层改善、锚固技术等几个方向上同时开展。这就意味着他们得一次又一次反复地实验。他们请上海、南京等地的十几家单位，以及国外钢索结构的顶级专家一起来评审。幸运的是，在这个过程中，他们找到了一家既懂技术又有经验，同时又愿意合作的厂家。最终，这家厂在工艺控制上为 FAST 提

南仁东在工厂进行工艺检查

供了经验和产品，FAST 的钢索才被研制出来。

　　当实验成功的那一刻，整个团队都禁不住欢呼雀跃起来。南仁东没有跳也没有欢呼，独独更像个孩子，像个被幸福砸昏了脑袋的孩子，就那么懵懂地看着眼前这一幕热烈的场景，分明身处其中，却又似乎置身事外。突然，他又咳嗽了，一声，很猛烈的一声。那一声咳嗽仿佛裁判吹响的暂停哨，欢呼声戛然而止。南仁东捂着嘴，因为自己打扰了大家而一脸愧疚。他扬了扬手，示意大家继续。而他却再也没法把咳嗽捂在喉咙里了。它们似乎也想为他们来之不易的成功欢呼，它们迫不及待地要参与到这场盛事中。因为这一阵南仁东一直在大把大把地吞止咳药片，它们已经沉默了很久。今天，它们要爆发了。它们不管不顾地冲出喉咙，排山倒海般摧垮了南仁东——他咳出了一口血，咳得瘫软在椅子上。那场欢庆，在他那口鲜血前骇然定格，而咳嗽也陡然在这里刹住。似乎它们也被自己闹出的动静吓蒙了，也都像那一群受到了惊吓的科学家一样，张大着嘴巴，傻了眼。

南仁东当然也看见那口血了，就在他用来捂嘴的纸巾上，是那么鲜艳夺目。可南仁东没有大惊小怪。在场的所有人中，只有他没有大惊小怪。他所做的仅仅是看了它一眼，就像对待其他平常的痰一样，把它跟纸巾一起丢进了垃圾桶。那之后，他表露出来的只有庆幸，庆幸这口血痰之后，咳嗽终于停住了。他擦着咳出来的眼泪，甚至笑了两声。

"南老师，您必须去看医生了。"

"老南，您的身体……"

他吃力地扬扬手，疲惫地笑笑，说："这一阵的确是太累了。"

他问："我们总共做了多少次实验？"

"103 次。"

"对，103 次，102 次都失败了，第 103 次终于成功了。这都是给累的。这下好了，我可以好好睡上一觉。"他说。

他接过姜浩宇递上的热水和止咳片服下，打起精神站了起来，说："我现在就去睡，别叫我吃饭，我要睡到明天早上。"

在临行前，他又叮嘱姜浩宇说："明天我们就去院里汇报这个结果，辛苦你做一下准备。"

姜浩宇想搀他一把，被他挡开了。"我还没老成那样。"他开玩笑说。可他的笑声听上去是那么沙哑，他的双腿迈起来分明又是那么沉重。

不管如何，他一个人回到了宿舍，好好地洗了把脸，还换上了睡衣。他把自己像散沙一样瘫倒在床上——不要有杂念侵扰，不要有思潮起伏，只想好好地睡上一觉。闭上眼睛，他慢慢感觉到自己变得充实起来，每一块骨头和肌肉都有了石头的质量，他正在下沉，沉进泥土……可那群因为长期得他宠爱而变得任性的思潮，却在这时候淘气起来，它们撩他的胡子，扳他的眼皮，跟他耳语："实验终于成功了，是吧？我们的 FAST 终于有自己的钢索了，是吧……"

他无可奈何地醒过来了，而且醒得那般彻底，就像他刚刚经历了一次沉睡，精神头儿完全养足了那样。可他分明还没有正式入睡，而且他现在真的渴望好好睡上一觉。他只好起来吞含褪黑素的药片，十多年前他就开始依靠它帮助睡眠。最开始的几年，他一直按照说明书的规定，只服一粒；后来一粒不管用了，他加到了两粒；再后来两粒也不管用了，他加到了三粒；今天，他干脆吞了四粒。

据说，人要睡觉，是因为一到天黑大脑就会分泌褪黑素。那么人要是太兴奋，大脑就会忘记这项工作，抑或是拒绝这项工作。而这时候，如果我们争取外援，往大脑里补充褪黑素，就能入睡。褪黑素在脑子里会是个什么样儿呢？南仁东把它们想象成烟雾状，黑色。它们涌进大脑，就像乌云一样将大脑里的白昼变成黑夜，迫使大脑安静下来。他甚至想象着一扇一扇地关掉大脑所有的门窗，让大脑进入一个不受外界干扰的静谧世界。

他终于成功入睡，而且一觉睡到了深夜。

他原本是计划睡到天亮的，可深夜 12 点多的时候，他突然就醒了，就像那个管着睡眠的开关突然被人打开了。他睁开眼睛的同时，瞌睡便一溜烟儿就不见了。打开这个开关的是一个关于"PPT"的念头。明天要去院里做汇报，他们得准备一个 PPT。他想起，准备工作是交给姜浩宇的。他起身下床，抓起老花镜就直奔姜浩宇的宿舍。屋里还亮着灯，姜浩宇果然还在电脑前做着 PPT。

他推门进去，姜浩宇看他只穿一身睡衣，赶紧拿自己的衣服给他披上，说："您不是说要睡到天亮吗，怎么起来了？"

他说："我来看看 PPT。"

说着他已经坐到电脑前翻看起姜浩宇的作业来。连核心技术研究都可以交给姜浩宇，一个 PPT 却令他睡不着觉，个中原因，却是因为他担心姜浩宇的PPT 做得不够好看。就因为他是个科学家的同时还是个艺术家，他就一定要求PPT 要做得好看。而姜浩宇做的 PPT，只注重陈述的逻辑严密，显然是达不到他的要求的。好在他们都习惯了他这种"强迫症"，姜浩宇说："您说哪里不好看，我来改。"

"你睡吧，我来做。"他说着，一把就将姜浩宇拉离了座位。

姜浩宇只好叹口气，躺床上去了。

5

做一个伟大的科学项目，必须要有一个一丝不苟的核心人物，他既要是核心技术的推动者，也要是从宏观到细节的把握者。在 FAST 这个项目上，南仁东就是这个核心人物。

在几次馈源支撑缩尺模型实验中，馈源舱的指向一直不能达到最大的观测角要求。因为馈源舱是由塔上的钢索拉动的，角度始终趋向于水平状态。然而如果达不到 40 度的角度，就看不到银河系的中心。南仁东提出：在馈源舱周围加一圈流体或半流体的"水环"。流体受到重力影响集中在某一方向，便可有效补偿姿态控制的不足，使馈源舱的角度发生相应变化。这又是一个富于想象力的大胆想法，但通过实验，又使他提出放弃"水环"的方案。FAST 最终采用了钢索牵引驱动的轻量化柔性馈源支撑模式。

数千块单元组成的球面主动反射面技术，是由南仁东主导的 FAST 的最大创新点之一。主动反射面技术在以往的射电望远镜中虽已有应用，但都用在小范围的改变上，目的是通过改变单元反射面的位置来保持整个反射面的抛面形状，而 FAST 的反射面要进行大范围的运动，每一个单元反射面的作用是要将球面改成抛物面，通过主动的变形实现对天体跟踪式的观测。

实现这种跟踪观测，对反射面上空的馈源舱定位精度要求很高。目前规模世界第二的美国阿雷西博射电望远镜球面口径为 305 米，由 100 米高的 3 座铁塔支撑着一个重达 500 吨的三角形平台和可移动馈源臂，以及下方悬挂着的重 75 吨的圆屋组成馈源舱。305 米口径的望远镜，这个平台的长度大概在百米量级，如果我们 500 米口径的望远镜仍然采用这种结构，平台长度至少要达到 250 米，这个不太现实。

FAST 的馈源舱使用了名为"轻型索拖动馈源支撑系统"的新设计方案，由 6 座支撑塔吊起 6 根钢索，通过钢索长度的收放，调节馈源接收机与发生形变的反射面之间的相对位置关系，实现高精度定位。FAST 的馈源舱平台重量仅为 30 吨，移动起来非常灵活，与德国波恩 100 米望远镜相比，FAST 的灵敏度提高约 10 倍，与阿雷西博望远镜相比，其综合性能也提高了 10 倍。

凡在工地的时间，南仁东都喜欢早起到支撑圈梁上跑步。而跑步对于他来说，更多的不是身体的需要。一个 70 岁的老人可以跑步，但一个 70 岁的肺病严重的老人，跑步只能加剧肺部的难受，加剧咳嗽。他的跑步，更多的是意志的需要。

FAST 主动反射面环形支撑圈梁，相当于一个人的骨架那么重要。建设这个圈梁，整整花去了 145 天。圈梁高 5.5 米，宽 11 米，周长 1700 米，重 6000 吨，由 50 根格构柱依山稳稳地托举着。由于钢铁具有热胀冷缩的性质，圈梁在 50

不服老的南仁东在工地检查

度的温差下会产生 300 毫米的变形，为了防止变形不均匀，他们必须寻找新的技术突破口。也是经过反复研究和实验，最后他们采取在圈梁与格构柱的连接处加上滑移支座，使之最大变形距离可达 470 毫米。这样，圈梁就可以在支撑柱上自由伸缩，也就给变形留出了缓冲的余地。

　　FAST 是南仁东跟这个世界，跟他的天文人生提出的一个挑战。从提出那天开始，就意味着他的每一步都将面临着技术的革新与突破。因为他的前面，没有任何经验可循。在漫漫的预研和建设长路上，南仁东坚持 FAST 科学目标，指导各项关键技术的研究及模型实验，构建了"利用贵州天然的喀斯特洼坑作为台址；洼坑内铺设数千块单元组成 500 米口径球冠状主动反射面；采用轻型索拖动机构和并联机器人，构建望远镜接收机的高精度定位"等三大自主创新。这一路走来的近 20 年里，他突破了一系列技术难题——发明了 500MPa 耐疲劳拉索，实现了高效握拔力锚固技术、大跨度索网安装和精度控制……

　　克服了一个接一个的困难，迈过了一道又一道的坎儿，而今 FAST 已经有了

一个雏形。在圈梁上跑步，他能看到它每一天的成长，看到它点点滴滴的变化。而这些，正是他获得意志上的激励和精神上的鼓舞的源泉。他的跑，意味着他还能跑，意味着他奔跑在 FAST 的怀抱，奔跑在梦想的怀抱。

每一次跑步，都会引起他长时间的剧烈咳嗽，可每一次咳嗽停止，他又能获得一次心的豁然。咳嗽起来的时候，他就停下来，等咳嗽慢慢止住。然后，他会看着工地的某一处，抽着烟（他答应过医生戒烟，可他忘我的工作态度又总是跟这个承诺冲突）捋一捋今天该干些什么，该解决些什么。山风急，他吐出的烟雾一下就给吹到了天上。而那时候，太阳通常已经跋涉到了山口，也像他一样看着大窝凼，看着正在一天天变得羽翼丰满的 FAST。

FAST 就在那时候完全醒过来，它抖抖才长出的几片新羽，啄啄那还未褪掉的胎毛，拍拍还有些笨拙的翅膀，开始了新一天的第一声鸣唱。

南仁东通常就在那个时候走下圈梁，回宿舍洗漱，然后开始新的一天。

开始安装索网了。FAST 的索网施工，远远高于国内外同领域的要求，在世界范围内没有可借鉴的经验和资料，所以他们建立了一套自主可行的挂索方案。而这张大网净高约 130 米，需要 8895 根钢索，总重量达 1300 吨。索网太大，没法在地面进行组装，全部索网需在高空中进行拼装。这就意味着，不光安装技术是个挑战，安全工作也是个挑战。

这时候，南仁东就不光是总工程师兼首席科学家，还得是一位细致入微的父亲。他不光要关心每一颗螺铆的情况，还要随时关注安装人员的安全。而遇上关键时候，他又总是把自己的安全置之度外。FAST 反射面单元即将吊装，他硬是坚持要第一个做“小飞人”载人试验。他可是 70 岁的老人了，高空中没有落脚之地，稍有不慎，就可能摔下来。没有人同意他以身试险，他们提醒他，他年岁不小了，还提醒他，他对于 FAST 有多重要。

他们说：“您怕是忘记了，您都 70 岁了。这种高危实验，您最好还是别上，这个项目少了我们任何一个都没关系，可不能没有您。”

可他说：“你们恰恰错了，对于这个项目，最重要的不是我，而是你们这帮子年轻人。况且，要是摔下来的是我这样一个老人，反而没什么，摔着了你们这些年轻人，我们的损失就大了。”

南仁东在繁忙的工作之余，与圈梁油漆工人聊家常

南仁东在现场与工程技术人员讨论安装细节

南仁东在检查施工质量

在大窝凼现场，南仁东指导工程技术人员施工

他当然是在开玩笑，说完了还夸张地咧着嘴笑，你一看就知道他真的对自己的安全完全不在乎。

谁会同意他这样的说法呢？自然还是不让他上。

这样一来，他就板了脸反问他们："我不上去，我怎么能找到问题？"

他们硬着头皮顶着他的严厉，坚持说："我们可以找到问题，再告诉您。"

他就再严肃一点，说："不行！"

说完他就上去了。

一个 70 岁的老人，现在变成了"小飞人"。那可不是任性，可不是寻找刺激，而是高度的责任感使然。FAST 是"十一五"国家重大科技基础设施建设项目，南仁东作为这个项目的总工程师，没有一丝一毫懈怠的理由。落地后，他的衣服全被汗水湿透了，足见他的"飞行"承受着多大的心理恐惧。但是，他发现了存在的几个问题，这就是他冒险得来的最大收获。

南仁东是一个从来不回避问题的人，事实上还总让人感觉他在故意找问题。别人苛刻，可能只针对明显的问题。而他的苛刻，还体现在"总是找碴儿"。他喜欢跟每一个人每一个环节"过不去"，别人做过了，他还要去检查一遍，还要反复地问："没有问题？真的没有问题？你保证没有问题？"而这个时候，不管你嘴上说多少遍"真的没有问题"，不管你做多大的保证，他都是要亲自检查一遍的。他要是查不出问题，你就过关了。他要是查出了问题，就会气得跳起来。而以后，你就别指望他再相信你了。

当然，谁都知道，他对自己更是苛刻。建这么一个科学重器，必然是困难重重。在种种看似无解的困境面前，这个团队里随时有人表现出望而却步的消极情绪。可他一开始就没有给自己留退路，在项目几乎陷入绝望的那段时间，有一天他站在馈源舱支撑塔上沉声说道："国家给了这么多钱，如果建不好，我就从 100 多米高的支撑塔上跳下去。"

他可不是在开玩笑，不是说着玩儿。不管是现场听到他说这句话的人，还是后来间接听说了这句话的人，没有一个会怀疑他的言出必行。他说过那句话后很长一段时间，大窝凼都处于一种小心的缄默之中。上到副总工程师，下到农民工，全都小心而又谨慎，就连山风也变得轻手轻脚起来。

而那一阵，南仁东一定是埋头于一项技术突破的研究。在他的词典里，没有"无解"这个词汇，即便是个死结，他就是用牙齿咬，也要把它解开。

　　他的苛刻出了名，中央领导下来视察，跟他开玩笑说："你很了不起啊，据说你不光懂天文，还懂力学、水文、地质，样样都难不倒你。战略战术，你可是样样都通啊。"

　　他笑着说："哪里呀，我可不是一个战略大师啊，顶多就是一个战术型老工人。"

第十章

—

牵动世界的瘦身与消瘦

FAST 是射电望远镜中的巨无霸，但我们不希望它生得笨拙，它既然必须站到世界前沿，便只能以优雅的姿态走上 T 台。它做到了。它让世界惊艳了。然而，南仁东，这位伟大的造梦大师，FAST 之父，却被确诊为肺癌。

1

FAST 有 4450 块反射板、6670 根主索、2225 个主索节点及下拉索。这意味着，它的主体将达到 2300 吨。计算出这个结果的时候，南仁东开玩笑说："它是不是太重了点？"

太重了，将意味着 FAST 不堪重负，可能影响到它的运行效果甚至是寿命。而且，南仁东真不希望它生得太笨拙。

他的面前是十几双充满期待的眼睛，都在等他拿主意。

"得给它瘦身。"南仁东说。

可是怎样才能给它瘦身呢？它是一个巨大的科学仪器，小到螺丝，大到拉索都是经过精确计算的，既不能增，也不能减。

南仁东说："开动脑筋吧，想象力丰富一点。"

大窝凼俯瞰

　　最后他们真就想出了好办法：在反射面板上打孔。这个方案能为 FAST 减掉 1000 吨体重！这又是一个惊喜，带孔反射面板在世界射电领域又是一个创新纪录。每突破一个难关，南仁东都能获得一个巨大的惊喜。而只要反射面工程完工，FAST 的主体工程就完成了。在他们这群人的努力下，FAST 正一天天变得成熟，变得完美起来。就像之前每实现一次新的突破时一样，在这个惊喜面前，他再一次长长地舒了一口气。而这一次，他一口气吐出来，就再也直不起腰来了。是的，FAST 这副重担，他扛在肩上已经 20 多年了，从壮年扛到了老年。FAST 在他肩上一天天成长、强壮，而他却在一天天地消瘦。这一趟立志要石破天惊的长途旅行，从一开始就注定了它的艰难和不凡，正是靠着这口气撑着，他才顽强地扛到了最后。如今，终点就在眼前，他这口气一吐就直不起腰来了。

　　事实上，那口气是伴着一声咳嗽出来的，而跟着那声咳嗽出来的还是一长串咳嗽，除此之外，还有笑声——这次惊喜给他带来的欢笑。对于一个消瘦得只剩下顽强意志的老人来说，这一下可透支得太猛了。随着他舒出的那口气和第一声咳嗽冲出喉咙，他本能地弯下腰，之后便持续咳嗽了整整 5 分钟。就这暂时性的消停，还是因为他及时地吞了一把甘草片。咳嗽终于停止以后，他满脸是泪。那是咳出来的，也是笑出来的。就这一阵剧烈的咳嗽间，他一直都在忙里偷闲地高兴。咳嗽停止了，他还在高兴，只是那一阵咳嗽整得他精疲力竭，他都笑不出声来了。他喘着气强撑起腰来，对着会议室这一群被他的咳嗽弄得满脸难受的科学家们说："太好了，我们抓紧……"话还没说完，又是一声咳嗽。

于是，大家都劝他："你还是多关心一下你自己吧，看你都瘦成什么样了。你还是尽快回去查查身体吧。"

他的确瘦得不成样子了。咳嗽时，他习惯用一只手捂住胸口，因为每一次咳嗽，都会引起肺部剧烈的刺痛。手每一次捂上去，都能感觉到那里比上一次薄了，骨感更强了。而且今年的感觉更是不一样，那里只剩下一把肋巴骨了。但追随他的这帮年轻科学家，也仅仅是看到了他的消瘦，并不知道他每一次剧烈咳嗽，都会出现血痰。自第一次咳出血痰后，他就没再让第二个人见到过它们的身影。每一次咳嗽时捂在嘴上的纸巾，都会被他及时地团在手心，等到咳嗽停止了，他便悄悄藏进垃圾桶。对于血痰的凶险，他不是不知道，但他的肩上扛着 FAST，就没有中途被它吓倒的理由。每一次，他都用冷笑回敬血痰的狰狞：不到最后，你休想击败我。

就在这天，他还微笑着对大家说："FAST 还没建完哩，还没到我进医院的时候。不就是个咳嗽吗？这两年也没见把我咳死。我不抽烟，咳嗽就轻了。刚才我也是因为太激动了。"

可这一次，无论他如何笑对病魔，他们都不打算再由着他了。他们说，反射面板的问题解决了，项目上就再不会出现什么大的难关了。这时候，他就完全可以放松下来，去医院检查身体了。他们还像哄一个小孩子那样哄他："你安心去看医生，反射面板批量设计的事儿，就交给我们。你检查完身体，我们这里也就准备好了。你一回来，我们就开始安装反射面板。"

或许是这一场哄起了作用，也或许是他把台里即将召开的那个会看得很重要。无论如何，他回北京了。

2

进家门的时候，南夫人正在厨房做饭，知道他今天回家，想做顿好吃的为他接风。听到开门声，南夫人从厨房里出来迎他，却远远地愣在那儿了。一些日子不见，南仁东变得她都差点儿认不出来了。她目光直直地打量着这位她跟了一辈子的男人，似乎不相信他怎么一下子就老成了这个样子。

南仁东放下包，又脱掉外衣挂到门口的衣帽架上，这才回头问她："看什么看，不认识我了？"

南夫人这才慢慢走过来，像试孩子的身子骨似的捏捏他的手臂、肩膀，目光在他那张瘦削的脸上扫来扫去，最后感慨道："你看你，都瘦成啥样儿了！"

南仁东哈哈一笑，说："不是说'千金难买老来瘦'吗，瘦怕什么？"

因为太震惊，南夫人依然沉浸在自己的感慨中，南仁东都坐下了，她的目光还紧紧地跟着他的头发、胡子，和那因消瘦而变尖了的下巴。她喃喃着说："怎么瘦成这样啊？难不成这一阵你们工地上没饭吃？"

南仁东哈哈大笑起来，说："你说对了，我就是给饿的。你都做了什么好吃的？我都等不及了。"说着故意冲着厨房的方向吸了吸鼻子，还真就把厨房的香味给闻出来了，"你炖了鸡汤，对吧？"因为自己猜对了，他免不了又乐了一回。

接着，南夫人便叫他赶紧去洗脸，准备吃饭。随后，她进厨房准备去了，南仁东也进卫生间洗脸。在洗脸的时候，南仁东又咳嗽了。咳起来就止不住，南夫人就进来了。她轻拍着他的后背，希望能让他轻松一点。南仁东用毛巾捂着半张脸，扬起另一只手示意她忙自己的去。他是怕她看见了血痰。

见他咳起来就没个完，南夫人便想起盐开水来。趁她准备盐开水的时机，南仁东赶紧拿下毛巾到水龙头下冲洗。等他把毛巾上那一抹鲜红冲洗干净，南夫人端着一杯盐开水进来了。

用盐开水润喉能缓解咳嗽，是南仁东情急之下自己想到的笨办法。但南仁东却把这项发明归到了一位不存在的医生头上。咳嗽变得顽固起来的这段岁月里，南夫人也曾几次催促他去看医生。可他每次回北京，都是因为项目上的事儿，根本就没顾得上看病。每一次他都说要先去一趟单位再去医院，或者是去完医院顺便就去趟单位。这当然不是真的，他只是以此为借口，谢绝夫人陪同。事实上他根本就没顾得上去医院，况且只要不咳嗽，他就差不多记不起自己还生着病。忙到天黑回到家，南夫人问他看医生的结果，他随口就说，是咽炎，烟抽多了。南夫人问："医生没开药？"他一急，就说医生说了，咳嗽时喝点盐开水，平时就吃止咳药。于是好一阵儿，盐开水就成了他在家里的经典缓咳药水。但咳嗽老不好，南夫人又催他去看医生，不过他照常是满口答应，又照常顾不上，南夫人问药，他照常说"盐开水"。南夫人也奇怪为什么还是盐开水，他一愣，差点儿就给她问住了，还好他脑子转得快，很快就找到了托词："我看的是同一个医生。"

他顽固，在家的时间又少得可怜，南夫人就只能听他的，一直傻傻地为他冲着盐开水。不过，盐开水喝下去，的确能起到一点缓解作用。等南夫人摆好饭菜，南仁东这里也因为盐开水的功劳而停止了咳嗽。等待在饭桌上的还有一碗热气腾腾的鸡汤。

南夫人说："喝口汤吧，喉咙会好受一点。"

南仁东满心幸福地喝着，噘起嘴，把"吱溜"声故意拖得很长，而后还要长长地"嗨"一声，再咂咂嘴。这样，就不光是自己能体会到幸福，还能让做汤的人也体会到他的幸福。南夫人见了，便如自己喝了鸡汤那般满心滋润。

这时候，家里的座机响了起来。南夫人去接电话，他继续喝汤。电话是杨小清打来的，问老爷子到家没有，听说到家了，正在吃饭，就叮嘱南夫人这一次一定要陪老爷子去看医生。他在电话里说了很多，句句都针对着南仁东的病情和性子，说老爷子肯定舍不得抽时间去看病，但老爷子的病不能再拖了，这一次请阿姨务必绑也要绑他去医院……

听杨小清告着南仁东的状，南夫人的脸色一点点地变化，放下电话时，已经乌云密布了。她回到饭桌跟前时，南仁东看了她一眼，问："谁的电话？"

南夫人没好气地说："你的学生打来的。"

南仁东一边狼吞虎咽地吃她准备的好吃的，一边漫不经心地问："我的学生找你干啥？"

南夫人说："你的学生找我能干啥？问你到了没呗。"

南仁东还是漫不经心地瞟了她一眼，说："那你脸上……是什么情况？像要下暴雨似的。"

南夫人心头一软，再张口，已经是温言软语，即使口吻里还藏着责怪。

"你压根儿就没去看过你的病，对吗？"南夫人问。

南仁东说："谁说的？"

南夫人说："你别管谁说的，你就是没去瞧过病，对不对？"

南仁东还要东拉西扯，说："我那学生说的？到底是哪一个学生说的？"

南夫人终于用力把筷子拍在了碗口上，拍出了很不一般的声响："你明天又要去开会，是吧？"

南仁东停下来，认真看着她，点点头说："是啊。"

"开完会，又要忙着回项目上去，对吧？"

南仁东说："是啊，怎么了？"如果开始他还能猜到个子丑寅卯，这会儿他是真的一头雾水了。

南夫人说："那好，你吃饱了吗？吃饱了我们现在就去医院。这样不就不耽误你的工作了吗？"

南仁东看看手上的表，说："都这点儿了，医生都下班了，看什么病？"

南夫人说："等医生上班了，你也要上班了，那怎么办？"话到这份儿上，她已经带着哭腔，她是真拿这个倔老头没办法了。

南仁东见她如此这般，也没心情吃饭了，慢慢放下碗，就要抽烟。没料到南夫人立即将他叼到嘴上的烟夺掉，还扔到地上踩成了稀巴烂。南夫人竟然做出了强硬的架势，这一点是他完全没有想到的。因为她跟了他一辈子，还从来没强硬过。她一直都是属于那种温柔贤惠、善解人意、通情达理的贤内助。没想到老了老了，她倒变得泼辣起来了。南仁东当然知道这不是她的错，都是让他给逼的。他立即就成了一个知错就改的乖孩子，说："看病就看病吧，你急成那样干吗？大不了我开完会，多待一天。"

南夫人这才饶了他，说："你给我听好了，开完会我们就去医院。"

他爽快地回答说："行，依你的就是。"

为了保证他不至于开完会又直接溜了，这一次南夫人死活要跟他一起去单位。他去开会，她就坐在他的办公室等他。就这样，她终于成功地将他绑去了医院。

3

考虑到时间的问题，老伴将挂号和排队的事儿事先就交代给了大女婿。南仁东这边儿开完会赶过去，直接就去就诊。

第一回合，先做 CT、痰细胞学检查。

拿到 CT 片，医生只看了一眼就放下了。阴影很明显，而且还不小，根本就不用再看第二眼。医生是位老医生，一张严重缺少日晒的白脸上沟壑纵横。对于医生来说，皱纹代表的是经验，经验又代表的是任何情况下的处变不惊。他抬头环视了眼前的三位，问："哪一位是病人？"

南仁东忙举手："我。"

医生呵呵笑起来，问南仁东旁边的中年男子："是你父亲？"

南仁东接过话茬儿说："我大女婿。"

医生问南仁东："您老人家高寿了？"

南仁东说："今年 71。"

医生继续微笑道："你比我年长十多岁。但是看不出啊，你的精神头足啊，看上去比我还显年轻。"

南仁东哈哈笑，但他已经开始怀疑医生东拉西扯的用意了。他说："医生你别跟我捉迷藏，直接说我的病吧，我不怕。"

医生还笑，似乎南仁东的话很好笑似的。他说："我现在还说不清楚你的病，你还有一项检查结果没出来，对吧？"

南仁东问："这片子里看不出什么来？"

医生说："光凭这片子，我下不了结论。"

南仁东问："那就等下一个结果出来，再来看？"

医生说："只能是这样。不过，我建议你再做一个 PET/CT 检查，我给你开一个吧。"这么说着，医生已经开始开单。南仁东忙问："为什么还要做……这个检查？"他说不上那个名儿来，只好指着医生正写的那张纸说。

医生没抬头，一边写一边回答他："多做一项检查怕什么呢？你舍不得钱啦？"说着，单子已经开好了，他直接递给了南仁东的大女婿。

从诊室里出来，南仁东就开始用鼻子冷笑："哼哼！"

南夫人一直都没怎么说话，这会儿却问他："你哼个啥呢？"她不知道，他的冷笑是冲着病魔去的。南仁东不糊涂，根据自己所掌握的那些病理常识和对自己病情的了解，再加上医生新开的这项检查，他几乎已经看清了病魔的狰狞面目。它可从来就没有回避过他，也从来就没有在他面前做过什么伪装。很大程度上，只是因为他不是医生，才不敢妄下什么结论。他看着它一天天长出獠牙，看着它一天天学会龇牙咧嘴地发出低吼，可他从来就没害怕过。他的无畏并非来自他的胆量，而是来自一种忘我。当一个人完全忽略了自我的时候，一切针对自我的威胁，就都构不成威胁了。对于南仁东来说，只要病魔不阻碍他建设 FAST，只要它能让他坚持到 FAST 竣工那一天，他便可以无视它的存在。

因而，他可以笑对夫人和女婿那一脸的失落和担心，他说："我在笑医生，怕我经不住打击，东拉西扯呢。不就是要做进一步检查嘛，检查就检查吧。不就怀疑是癌症嘛……"南夫人赶紧拿手去捂他的嘴，还急忙"呸呸呸"，把他已经吐出的话赶跑。他夸张地瞪大眼睛，嘲笑南夫人的胆小，还拍拍她的手安抚她别怕。

那之后，他不再提那两个字眼。他不忍心让家人受到惊吓。虽然都免不了朝着那方面去猜，但谁都忌讳说出那两个字。

做完检查，他立即又要去贵州，家人说破了嘴也留不住他。他的话不容反驳，家人也反驳不了。他说："你们让我留下来等结果，项目上的事儿怎么办？这当口就要安装反射面板了，我作为总工程师不在场行吗？再说了，等个检查结果，需要坐下来等吗？我该干啥干啥去，结果出来的时候，你们替我去拿一下，再把结果通知我不就行了？"

原本是家人想说服他，结果反而是家人被他说服了。于是，南夫人退而求其次地提出了要跟他一起去贵州的要求。这一点他倒完全没反对，他只问了一句"你跟去干什么"，跟着就点头同意了。就像一个父亲，终于经不住孩子的软磨硬泡，决定纵容她一回。

4

南仁东回到大窝凼的时候，反射面板的批量设计工作已经完成。脚刚站到大窝凼的地面，他就忙起来了。他顾不上南夫人，便把她交给了胖嫂，说让她帮着胖嫂择菜打杂。胖嫂哪能让南夫人择菜打杂呢，她给南夫人熬了碗老茶水，又把自己那把唯一的老板椅让给她坐着。她叫南夫人"师母"。她说："我这样的粗人，这辈子能见着师母就是福气了，哪还能让您来帮我打杂啊。"她哈哈笑着，把南夫人心头那份担忧笑淡了。

"这么多人的饭，辛苦你了。"南夫人说。

"这算哪样辛苦，比起南老师他们来，我这是太享福了。"胖嫂说。

"你们南老师这人，对人很严格，你们肯定都恨着他吧？"南夫人说。

"严格是严格，但没人恨他啊，都尊敬他得很。"胖嫂说。

"他顽固，老顽固一个。"南夫人说。

胖嫂嘿嘿笑，但笑完了，还是提出了反对意见："他那叫执着。"

南夫人暗自吃惊：表面看上去，胖嫂可不是那种文绉绉的人，嘴里何以竟能蹦出"执着"这样的词儿来？

胖嫂觉得应该解释一下，便说："大家都是这么说的。大家都说，要不是南老师执着，这个望远镜是建不成的。全亏了他顽固了。"山里人嘴里蹦出的话，就像泥土一样朴实。南夫人听起来，就跟脚踩在地面上一样踏实。

胖嫂说："哪个都晓得，建这个望远镜，南老师吃了多少苦啊！单是选'窝'那些年，南老师在我们贵州这片大山里走来走去，脚上的茧皮都磨掉几十层啊。好几次还危险得很。好的是总算有这个大窝凼合适。后头材料上又遇上困难啊，说的是全世界都找不到适合这个望远镜的钢索啊。还有些哪样哟，我也不懂。都是吃饭时听他们说，我就记住了这些。反正为建这个望远镜，南老师是操碎了心。我在这工地上做饭十多年了，我是越长越白、越活越胖，南老师却是越长越黑、越活越瘦，都是操心操的。大家都说，这个望远镜建成了，南老师就是为中国天文事业做出了巨大贡献。好家伙，世界第一大望远镜啊！据说能看到天边去，还可以看清那里的外星人在干什么。"

她终于将南夫人逗笑了。

5

工作告一段落，南仁东把夫人带到了山顶。他说："我让你看看这里的全景。"

南夫人便手搭凉棚，眯了眼认真看。

"好看吗？"他问。

"我感觉不到哪里好看。"南夫人说。眼下工程还没竣工，她看到的只是FAST 的一个骨头架子，的确算不上好看。况且，她也没心情看。

但南仁东还是充满信心地问："你不觉得很壮观？"

南夫人说："就为这壮观，你命都不要了。"

南仁东说："哎——我这条命跟这望远镜比，哪个更有用？"

南夫人不高兴地说："看对谁，对我，你这条命更重要。"

南仁东笑起来，说："妇人之见吧？狭隘吧？"

南夫人说："老顽固。"

南仁东看了她一眼，开玩笑说："你现在嫌弃也晚了。"

看夫人的脸比起从北京出发时要舒展得多，他又说："看来跟胖嫂聊得不错？"

南夫人说："他们对你的评价很高啊。"

南仁东笑道："胖嫂没文化，她说她的，你听的时候，得有个基本判断。"

南夫人说："她虽没文化，但话说得对呀。"

南仁东问："她说什么了？"

南夫人说："她说，你可是个地道的老顽固。"

南仁东意外地喊起来："是吗？"喊完又哈哈大笑，没想到一股山风灌进嘴里，他的笑声在中途便被强行变成了咳嗽。剧烈的咳嗽已经折磨了他太久太久，他的身体似乎已经给它掏空，一旦咳嗽起来，他就不得不把身子弯成 90 度。他一只手捂着胸口，一只手捂着嘴，咳嗽声显得很空，似乎他的身体里除了咳嗽声，就再没有其他了。南夫人一直为他拍着背，可他依然咳个没完没了。他就那样冲着大窝凼，冲着他的 FAST，咳得惊天地泣鬼神。

这一次，他没有把血痰藏着掖着，南夫人终于看见了它们的真面目。她给它们吓傻了，无措而又无助地半张着嘴愣在那里，直到南仁东将带血的纸团巴团巴扔进了灌木丛里，她才醒过神儿来。她开始眨巴眼睛，潮红的眼眶涌出了眼泪。她想说话，但好像有人偷走了她的声音。她的嘴唇开始发抖。

"这样子……有多久了？"她声音颤抖地问。

南仁东满不在乎地说："看把你吓的，不就是口血痰吗？咳嗽时间长了，这不很正常吗？"

南夫人说："你别跟我打马虎眼，我问你这样子多久了？"

南仁东想了想，开玩笑说："你若是要求精确，我就没法回答你，因为我也记不得。"

许是他的这种不以为然或多或少地感染了夫人，她的声音开始恢复正常，说话时，已不再颤抖。她说："工作上你从来都要求精确，对你自己的身体，却从来都很马虎。"

南仁东说："一把老骨头了，马虎点儿就马虎点儿吧。至于工作嘛，我想你大概都忘记我干的是什么工作了。科学，容得下半点马虎吗？"

说这么多话，他觉得好累。于是，他找了块石头坐下来，又把烟掏了出来。

南夫人果断地夺了烟，却又用哀求的口吻说："你就别抽了，好吗？"

他显然有些扫兴，但最终还是在她那严肃的眼神面前投了降。他笑笑说："不抽就不抽吧，我不过是想歇会儿。"

南夫人挨着他坐下来的时候，他睃了一眼她手上的烟盒。他那会儿真的好想来一支烟，刚刚经历过一场咳嗽风暴的胸腔，感觉很毛糙，就像给猫爪子挠过一样。他的经验告诉他，抽根烟便能使它滋润起来。可今天他打算表现好一点，尤其是在夫人刚刚才受了他的惊吓之后。他又滔滔不绝地说起了大窝凼，说当初这里是个什么样子，说那十多户人家当时应该在哪个地方，说他们现在都搬到了哪里。等他说得差不多了，南夫人才说："你说说你自个儿吧。"

他说："我有啥好说的。"

南夫人："说你哪天回北京，你必须住院。"

他不高兴地说："怎么刚来就说回去？住什么院，跟着就要安装反射面板和馈源舱了，目前正是抓紧组织物料生产反射面板的时候，我走得开吗？"

南夫人说："这个项目有那么多人管着，没了你，地球照样转。"

他说："没了我地球照样转不假，那我要是不在，如何才知道它转得是不是好呢？我这辈子就这一件事儿，都干到最后关头了，你让我因为一个病退场，你认为我会甘心？"

南夫人说："可是你病得……"

他打断她说："可是我病得不轻是吧？正因为我病得不轻，我才不能退场。我都70多了，有病没病也都活到头了。FAST是我提出来的，这20多年来我都在为它忙活，临到头来，你不让我在这里看着它开心，倒要我跑到那死气沉沉的病房里躺着等死去吗？"

南夫人终于给他说得眼泪汪汪，不知说什么好了。

情况已经发生了转变，现在是南仁东在说服她了。

他说："你跟了我一辈子，还不了解我吗？对于我来说，什么是好，什么是不好；什么是我热爱的，什么又是我讨厌的，你不明白吗？你一辈子都在将就我，都在支持我，一辈子都这样过来了，这会儿，你又不支持我了？我知道，于情于理，你不担心、不焦虑是假的，可你好好想想，我就是回去住院又能怎样？是让我的病变轻了，还是变好了……"

南夫人嚷道："可你早干什么去了？"

南仁东承认自己耽误了病情，但他犟惯了，脑子一转，话又占了上风："要真是绝症的话，就是咳嗽第一声赶紧跑医院也是来不及的。"看夫人脸色实在难看，他又缓和了口吻："要不是绝症，稍耽误一下，也是死不成的。"

南夫人终是拿他没办法了，自顾自吸着鼻子抹着眼泪无奈地说："你让我说你什么好呢？"

南仁东说："那就什么都别说，听我的。你让我留下来好好工作，等医院那边结果出来了，我跟你回去，好吗？"

南夫人抹着泪点头答应了他。

他一高兴，就把夫人一把搂了过来。

6

那之后，南仁东安排办公室一个小姑娘专门陪夫人。他让她去克度镇看看。他告诉她，贵州正在打造一个"天文小镇"，克度镇是中心。但更主要的，他想让她去新村看望一下从大窝凼搬出去的那十多户人家。南夫人无心去看什么"天文小镇"，她现在更多地处于一种迷茫状态。但南仁东很认真地找出了他跟大窝凼那些山民们一起照的相片，他指着相片上的人告诉她，谁是最爱聊天的，谁是最害羞的，谁多大年纪了，谁又有几个孙子。他太忙，他们搬走以后，他还没能去看看他们。现在，他希望夫人能帮他去完成探望的心愿。他说："年轻人都忙，不一定在家，你帮我看看这几个老人就行了。"

既然是这样，南夫人只好去。

送走南夫人，南仁东调头就去了工地。工地上正在进行子单元拼装工程，每一块子单元，都要事先在地面上完成拼装、测量和报验之后才能进入待装状态。

FAST主动反射面是由上万根钢索和4450个反射单元组成的球冠形索膜结构，每一块反射面单元又由100块子单元拼接而成，这些子单元大部分都是边长1米左右的三角形结构，相似却不相同。更为复杂的是，这100块子单元就分成了7个类型。每块子单元上都有唯一的编号，安装顺序和摆放位置不容有误。反射面单元种类达484种，子单元种类更是多达3388种，每种类型的边角和中心区域都有细微差别，安装铆接部件有140种，最小差异只有5毫米。

这就意味着，拼接工作必须精细而且精准。

作为总工程师，南仁东必须每一个环节都要关注到：编号是不是对，拼装工艺如何。

"精确，要精确啊！误差不能超过2毫米，最好控制在1毫米以内啊！"他就这么时时地叮嘱着。

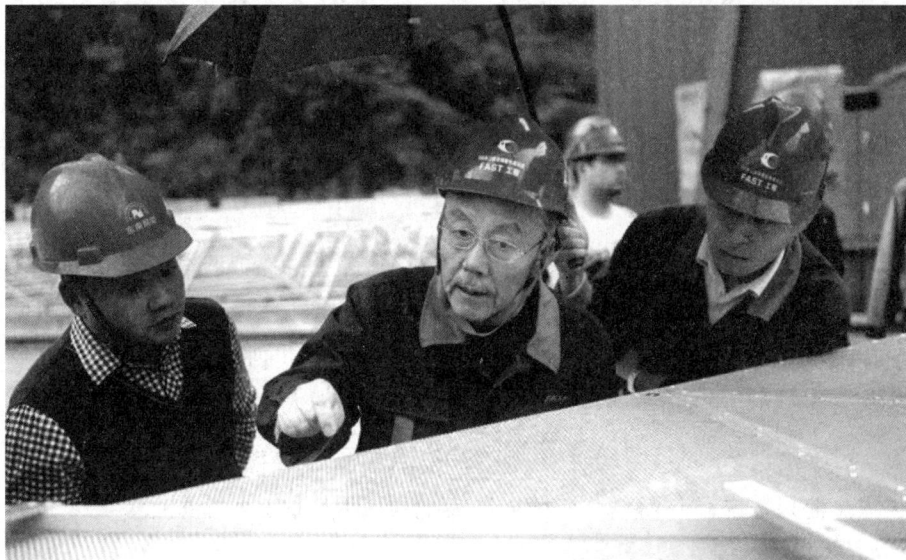

南仁东在指导反射面单元拼装工作

对于那种测量过不了关的，他一定要找到施工人员，要亲眼看着他重来。要是重来的时候，他还看不上你手上的活，便让你走开，他来。亲眼看过他干活了，才知道什么叫"细活"。

他说："这可不是小孩子的拼图玩具，我们是在建一件科学仪器。"

你要是说，500 米口径的一个望远镜，又何必要在几块反射面单元拼装问题上那么较真呢？

他就问你："谁说大就不用计较细节了？你在家建个牛圈，可以不计较细节，可我们这是建望远镜。正是因为大，我们才必须要求细节精准。要是子单元拼装不精确，单元安装的时候误差就大了。误差大了，你能安装得好吗？"

到这时候，你如果还要说，这么大个望远镜，稍微有点误差也没关系的。

他就说："谁说没有关系？关系可大了，一个没有精确度的望远镜有什么用？我们可不是为了建一个摆设！"

拼接好的反射面单元，将采取空中作业的方式，经过精确的位置测定后才能完成安装。而南仁东因为要求完美，又在安装精确度问题上提出了"RMS5毫米以内的截面偏差"标准。虽然每一个团队成员都会按照他的高标准要求去努力，但他依然不放过他们。只要有他在，你总能听见他在问："行？你保证这样就可以了？再不要求做得更好了？"

为了确保施工时的精度，这个团队还专门研发了自动化摄影测量系统，以备安装时采用。对于这一点，他非常满意。别看他工作的时候，总是摆出一副严厉的面孔，总是用一副怀疑的口吻质问这质问那，但背地里他却对夫人说："你说得对，其实地球没我也照常转。我有一个非常优秀的团队，这里的每一位科学家都比我强。"

这话，是南仁东的检查结果出来了，他不得不回北京的时候说的。检查结果是二女婿去拿的。但二女婿打电话过来，只说结果出来了，岳父得立即赶回去住院。他没说出那个检查结果，那两个字眼太恐怖，他说不出口。况且，接电话的是岳母，他怕她承受不了。

对于检查结果，南仁东心里明镜儿似的，可他同样不会那么直接地告诉夫人。他只是说："住院就住院吧，其实把项目丢给这么一个团队，我也是放心的。"

南夫人这些天一直郁郁寡欢，接到女婿的电话之后，她看上去更像丢了魂似的，看哪里都是迷茫一片。听他答应回去了，她的脸上才闪过一丝欣慰。那之后，又归于没完没了的沉默。当一个人的内心必须承受不能承受之重的时候，沉默，或许就是保持镇定的最好办法了。

7

南仁东被确诊为肺癌。医生习惯性地要配合着家属隐瞒检查结果，他却不以为然地说："不用瞒我，我接受得了。"在治疗问题上，他可以有化疗和手术两种选择，而他想都没想，就选择了手术。

手术后 3 个月，他便要去施工现场。

南夫人说："你不要命了？"

他说："我这命，就是 FAST 的。"

于是，再次回到大窝凼的时候，南仁东手上多了一根登山杖。2015 年 8 月 3 日，FAST 吊装工程单元开始施工，他就拄着那根登山杖，站在烈日下看着，不时地叮嘱着：

"小心，一定要小心。"

"精确，一定要精确。"

因为手术时伤着了声带，他从此变得声音喑哑了。大病之后的苍白，将之前那令他看上去很像一个工人的黝黑色取代，倒让他还原了一个学者的本色。那些时间，他也上支撑塔，也上圈梁，但他再也没法在圈梁上跑步了。不过，反射面单元安装，是 FAST 最大的主体安装工程之一，只要他在现场，现场就有主心骨。

施工现场的宿舍，只能是彩钢房。这种房子冬天不保暖，夏天却闷热不堪。大热天住在这样的房子里，晚上就不能关窗户睡觉。即便大开着窗户，睡上一个晚上，床单也湿得能拧出水来。况且，贵州山区蚊子多，开着窗户睡觉的话，还得挨蚊子咬。或许因为它们太大，它们并不害怕蚊香，或者说，它们有着前赴后继的精神。

考虑到南仁东的身体状况，同事们都劝他到镇上去住。可他说："到什么镇上，住在这里就很好。大家都能住，我也能住。"

在山区工作，遇上停电是常有的事儿。一停电，大窝凼的夜色就显得比任

大窝凼施工现场，南仁东检查各项施工工作

南仁东在施工现场指挥

何地方都要深。从远处看去，他们办公桌上那丁点儿烛火，还不如萤火虫的屁股亮。这期间，就连续停过 3 天电。一到晚上，大家都靠蜡烛照明。南仁东也只有点着蜡烛看资料。到了他这个年纪，眼睛已经不好使了。再加上他的眼睛老花严重，还刚大病过一场，凑得太近了，蜡烛有时候就烧着了他的头发。而那些狂爱扑火的飞蛾，又时常来打扰他。有时候，它们不小心就掉进了他的水杯，他喝水的时候要是没看，就把它们都喝下去了。

　　同事们都粗心，没发现他被烧焦的头发。吃午饭的时候，胖嫂看见了。在这里胖嫂不用替任何人打饭，从来都是。但这一次南仁东回来后，胖嫂就主动地承担起为南仁东打饭的职责。南仁东也说"不用"，而且你一看就知道，这样反而让他很不自在。可胖嫂不管那么多，一看他进食堂来了，她就赶紧拿了餐盘替他打饭打菜。而这种时候，南仁东一般都跟在她旁边。胖嫂会自作主张地为他安排：这个来点儿，这个少吃，多来点儿这个，再来碗汤。她这么念叨的时候，南仁东就在旁边点头，或者"嗯"着答应一声，表示同意或者服从安排。

就是在这个时候，胖嫂发现了南仁东右耳上边那撮焦煳的头发。

胖嫂一贯都是大嗓门儿，但到了南仁东跟前，她的嗓门儿自然就变细了，细得像蚊子。"南老师的头发，是被蜡烛烧着了吧？"她悄声问。

南仁东想了想，就想起昨天晚上是有过那么一回事儿，当时的那股焦煳味儿还记忆犹新。他只是笑笑，惭愧地点了点头，好像那都是因为自己太笨才造成的。

胖嫂说："停电了你就休息吧，就那蜡烛，我这大老粗眼睛还看不清楚呢。"

南仁东笑她的"大老粗"之说，但声带受伤后说话吃力，他笑笑也就算了。这时候，他的饭已经打好，胖嫂替他端到餐桌上。看他坐下了，她在他对面坐了下来。这让南仁东有点儿意外，因为平时她打完饭就会离开，忙自己的去。

"你忙去吧。"他说。

她没走，她那双大眼直直地看着他。

"你有事儿？"南仁东问。

胖嫂清了一下嗓门儿。看上去，开口之前，她做了很多的心理准备。她说："南老师啊，不是我说你，你是一个年纪都70出头的老人，还是一个得了重病的病人，不管你占到这其中哪一条理由，都应该在家好好休息，而不是来这里受苦啊。"

南仁东笑笑说："哪里都可以休息。我这样的，让我待在家里，反而没法休息。在现场待着，心里踏实，比什么都好。"

8

或许真的是因为那份踏实，南仁东的精神看上去竟一天天好了起来。记不得是从哪一天起，他竟丢掉了登山杖。他照常上支撑塔，照常上圈梁，照常在工地上奔走，但同事们都发现，他的手上再也见不着那根登山杖了。抑或是这样的好景导致了他的忘性，有一天，他竟然情不自禁又点上了烟。当同事们看到他又抽上烟，嗔怪他怎么又抽上了的时候，他才发现自己真的在抽烟。但那并不代表他就会放下，别人提不提醒都没用，他要想的事儿太多，而病魔缠身的他已经没法承受那种超强度运转，他需要烟，需要尼古丁的激发。他可以对他的学生们、对他的外孙们说："你们可千万别学抽烟啊，看我抽成这样儿，就是个教训。"可他却没法说服自己不抽，为了 FAST，他必须豁出命去工作。

去看王山峻的时候，王山峻第一句话也是："你竟然还在抽烟？"

作为选址时的老搭档老朋友，又多年不见，见面时肯定免不了一番寒暄。但那天因为南仁东一进门就掏烟，这场寒暄就给跳过了。

作为总工程师兼首席科学家，南仁东的工作也不只是在施工现场。这一次回北京前，南仁东决定顺路去看看王山峻。王山峻退休后专门给他写过一封信，但因为太忙，王山峻退休后又迁居了贵阳，南仁东也就一直都没能去看他。这一次，南仁东在去机场的路上，专门余出半小时去看他。

作为老搭档老朋友，这些年，南仁东都在干些什么，生了什么病，王山峻都知道。可南仁东说："得了肺癌还抽烟，的确等于是自杀。但你知道这东西一旦依赖上了，就没法放手。年纪大了，脑子转不动了，精神头也不足了，全靠这烟来提神醒脑哩。"他把烟举到眼前，盯着它说："这东西相当于毒药，但对于我这僵硬了的脑子来说，又能起提神醒脑的作用。"

王山峻就很能理解了：别人要是脑子转不动了，就可以歇下，可他南仁东却不能歇，FAST 项目还没完成啊，他哪能歇下？

南仁东说："你想想选址那些年，在大山里爬来爬去，我们一天不全靠烟提精神吗？"

王山峻说："是啊，选址那阵儿，整天风里来雨里去的。尤其是你，又不会走山路，老摔屁股蹲儿，哈哈。"

两位老人就这样开始了他们快乐的回忆：走的那些路，遇的那些险，碰上的那些人，甚至某一天遇到的一条胆小的夹尾巴狗，还有那些在南仁东看来怪怪的地名。时间虽然仓促，但两人聊得都很开心。告别王山峻之后，南仁东一路上想着想着，还一个人在后座上扑哧笑出声来。

司机问："南老师你笑什么呢？"

他说："我突然想起一件事儿，刚才时间太短，我们两个竟然都没想起来。"

回到北京已经是下午 5 点，回家前他想先去一趟单位。而那个时候，又正好是北京的下班高峰，因此他选择了乘地铁。乘地铁是为了避免堵车，但地铁里的拥挤却是没法躲避的。

车厢里拥挤不堪，人贴着人，你吸着我呼出的气，我吸着你呼出的气。遇上停站，上车的人和下车的人又要蜂拥一通。即便是南仁东，也不会因为他是位著名的科学家，或者因为他是位老人，而避免被挤来挤去。首先，南仁东背上并没有背着"著名科学家"几个字儿，其次，即使他后背上背着"著名科学家"几个字，也没有人会认为自己有为著名科学家让座的义务。

南仁东就只能人贴人地站着。到站后，他后背已经给汗水湿透。幸而有烟为他加油，要不然，从地铁站到单位那段路，他走起来就艰难了。

一进中科院大院，他就撞上了聂卫东。选址工作结束后，聂卫东就回到了遥感所，他们俩见面的机会，也就只有在这大院里碰了。

"老南回来了？"又是好久没碰上，聂卫东显得有些惊喜，可惊喜之后立即又是惊讶，"你怎么还抽啊？"

南仁东这才意识到自己手上拿着烟，于是本能地想藏。烟又怎么能藏呢，他转念一想，干脆不藏了。但聂卫东的出发点是关心他的身体，他就得做些解释："哎呀，这烟瘾太大了，不抽受不了。"

聂卫东说："烟瘾归烟瘾，你可得为你的身体着想。"

南仁东说："我这身体我知道，活不了多久了。"

聂卫东说："怎么能这样说呢？手术过后，你不好好的吗？"

南仁东笑，说："不是我悲观，我顶多还有3年的活头。"

他又笑着说："不过对于我来说，3年已经足够了。3年时间，FAST 的调试工作应该也差不多了，那时候，我可以死了。"说着这些话，他已经迈开了腿，要走了。

聂卫东问："你还去单位？"

他一边走一边说："去一下办公室。"

聂卫东冲着他的背影说："都这份儿上了，你……"

他却已经扬扬手走远了。

9

我们要与病魔作斗争，仅有乐观是不够的，还必须尽量使身体变得强壮。南仁东毕竟已经是70多岁的老人了，那年冬天，病魔又杀回来了。癌症复发，从来都是冲着复仇来的。早先，它不过想殖民于你的身体，在这个前提下，它总还是要戴着一副伪善的面具。手术，便是撕掉了它的面具，并将它驱逐出身体。因而，它恼羞成怒就成了必然。于是，复仇之战来势汹汹。

他又得住院了。

住院，对于南仁东这样的人来说，最大的痛苦不是病痛，而是到不了施工现场，见不着他的团队。那些日子，他可无时不在想念大窝凼，想念他的团队。4 月份的时候，听说他的学生小甘跟腱受了伤，也住了院，他就怎么也坐不住了。小甘从硕士到博士，再到正式加入 FAST 工程组，可是跟随南仁东 15 个年头了。听说他住了院，南仁东如何不急？

那天上午输完液，他就对夫人说："我们去看看小甘。"小甘所在的医院，离他这里 10 多站路，因此南夫人担心地问他："你行吗？"

他却强硬地说："我啥时候不行过？"

南夫人比了解自己还更了解他，就点头答应了。正往身上套外衣呢，护士进来了，问："要出去？"

南仁东说："到院子里透透气。"

护士说："对于病人来说，外面的天气还凉着哩，你最好别出去。"她当真以为他是想透气，说着还专门为他打开了病房的窗户，说这样就可以透气了。

南仁东说："我穿厚点儿就没事儿的。"

住院时间长了，护士都知道他有一副犟脾气了，最后只好说："那你最好赶快回来。"

南仁东说："行行，就 10 分钟。"

护士讨价还价地说："5 分钟。你不用下到院子里去，就在走廊那边透一会儿就可以了。"

南仁东满口答应："好好，那就 5 分钟，5 分钟。"

说话间，他已经做好了出门的准备。老两口便相互挽着出了病房，留下护士一个人在那里收拾。

一出门，他就拉开了开溜的架势。他怕护士又追上来啰唆。

可护士说得对，对于一个病人来说，外面还真有点儿凉。风吹过的时候，他感觉它能穿透他的皮肤。老两口在医院门口打了辆出租车，半小时后终于见到了小甘。

因为事先并没有告知小甘，他的从天而降便把小甘吓了一跳。小甘要不是跟腱受了伤，打着石膏，他就该跳起来了。

"南老师，您怎么来了？"

南仁东说："我来看看你。"

小甘说："您还住着院啊，怎么跑来看我！"因为急，小甘脸都白了。正好南仁东因为累，脸色也很苍白。两张白脸对着，南仁东就笑起来，说："那么客气干吗？"小甘觉得这话本该由自己说的，却让南仁东说了，心里忍不住笑，就跟着笑起来。南仁东在床沿坐好，绷着的那股劲儿才稍微松了松。进门前他就没让老伴搀他，他不喜欢在同事面前露出病态，但强打精神又太容易累。

小甘问："南老师最近好多了吧？"

他说："你别问我，先告诉我你的伤势怎样。"说着，他已经仔细地打量起小甘的脚来了。看样子他好想伸手摸一摸，可又怕摸痛了他。

小甘说："粉碎性骨折，医生说可能得3个月走不了路了。"

他说："那就3个月不走路。医生说什么都得听，医生是为你好。休息得越好，恢复得就越好。3个月时间不长，你想想，人一辈子要走多少路啊，不差那3个月。"说完还咯咯笑。

小甘也忍不住笑起来，因为南仁东所说的这些，他自己却从来都做不到。南仁东知道他笑的是什么，末了他自嘲道："我跟你不同。你还年轻，我已经老了。这就跟跑步一样，你还在起点，而我已经快到终点了，我们两人的算法肯定是不一样的。"

那之后，他就问起了大窝凼的情况。小甘不愧是他的徒弟，一说起项目上那些事儿来就滔滔不绝。听到过瘾处，南仁东还要追问细节。这一聊，就聊了一个多小时。而半个小时后，南夫人就一直在看时间，几乎每隔10分钟看一次。小甘的妻子见了，也急，但她俩都不忍心打断他们。后来还是小甘的妻子考虑到再不能让老爷子聊得太累，才不得不插嘴对小甘说："让南老师回去休息吧。"

这时，小甘才意识到自己耽误老爷子太久了。既内疚又扫兴，他就那么心情复杂地对南仁东说："南老师，您回去休息吧，我们可以改天再聊。"

南仁东扭头看看夫人的脸色，又看看自己腕上的表，惊叫道："哟！超出护士规定的时间了，回去要挨骂了。"

这话把小甘两口子逗笑了，南夫人却没笑。她的脸上更多的是无可奈何，是拿南仁东没办法。她说："你什么时候听过护士的？"

的确该回了，南仁东不舍地握握小甘的手，又婆婆妈妈地叮嘱了一通才走了。

小甘送不了老师，由妻子代劳，等南老师出了病房门他才想起，应该跟南老师说声"谢谢"的。他没想到，这一次竟然是他跟南老师的最后一面，当两年后，南老师去世的噩耗传进他耳朵，他才意识到，那声没有能说出的"谢谢"，已经成为永远的遗憾。

10

2016 年 7 月 3 号是 FAST 主体工程竣工日，严台长将到现场主持竣工仪式。临走的前一天，他听说南仁东要去参加竣工仪式，便到医院看南仁东来了。

"你行吗？"他担心地问南仁东。

南仁东像健美运动员秀肌肉似的举举胳膊，说："你觉得我不行？"

严台长给他逗得笑起来，说："我也觉得你行。"无论如何，看上去南仁东真的很精神。他要不是在病床上坐着，你都不愿相信他是一个病人。不过，严台长还是忍不住好奇，问："你哪来的这么好的精神？护士给你打兴奋剂了？"

南仁东说："后天，FAST 主体工程就要竣工了，我等这一天都等了 20 多年了，你说我的精神从哪里来？"

话说长了，他就喘，因为他还是一个病人。

严台长说："我知道那天对你来说有多重要，但我的建议是，以人为本，以身体为本。"

严台长是个爱笑的人，说话的时候，他始终笑眯眯的。但南仁东却始终没笑，他怕自己一笑就松了劲。

南仁东说："我完全没问题。"

为了让严台长确信自己没问题，他当即下床，原地转了两圈儿，展示了一下他表面看上去的确硬朗如初的身子骨。

南仁东说："我的机票都订好了，明天下午 3 点钟的航班。"他的意思是叫严台长死了劝阻他的心。

严台长像检验一架机器一样捏捏他的手臂，又摸摸他的肩膀，说："行，那我们一起去参加 FAST 的竣工典礼。"

南仁东这才笑了。

后来他竟得寸进尺地申请跟严台长一起回趟单位，说想去一趟办公室。严台长开玩笑说："你在住院，跑办公室去干吗？"

南仁东说："明天要去大窝凼，得去看看有没有什么东西要带上。"

反正看样子是拗不过他了，就去吧。

坐上车，严台长终于认真起来，问："老实说，你想到办公室干吗？抽烟？"

南仁东一口气提起来就停在喉咙口了。那一刻，他都怀疑严台长眼睛里安着个射电望远镜，能探测到他大脑里的脉冲信号。

看他哑口无言，严台长就知道自己猜对了。他说："你可不能这么对待自己啊！"

可南仁东立即就狡辩起来："我怎么对待自己了？我对自己很好啊。"

严台长说："你对自己当然好啦，想抽烟就抽烟。你这是不负责任，你明白吗？"

南仁东说："谁说要去抽烟了？我要抽烟，在医院院子里抽就可以了，何必要跑办公室来呢？"

严台长说："在医院，你连烟都没有，还有夫人管着，你抽什么抽？如果我没猜错，你应该是冲办公室抽屉里那半包烟来的。"

南仁东终于屈打成招似的哼哼笑了两声，说："那你怎么又同意我来办公室了？"

严台长二话没说就命令司机："前面掉头，回医院。"

南仁东急忙喊起来："不不不。"又忙给严台长赔笑："我不抽还不行吗？我真是想看看明天有没有要带走的东西。"

严台长不接他的茬儿，沉默着。

前面就是路口，司机问他："还要回医院吗，严台长？"

严台长还没反应过来，南仁东急忙喊："不回、不回、不回。"

这时候，严台长才苦口婆心地说："老南啊，我们可都希望你健康长寿啊。"

南仁东这回也是一副听话的样子，一连回答了一串儿"是"。

这就到了单位。严台长把他送到了办公室，又在他的抽屉里找到了半包烟，并将它没收，才走了。

10分钟后，严台长又回到了这里，因为他觉得南仁东在办公室待10分钟已经足够了。他已经让司机在楼下等着，现在他该送南仁东下楼回医院了。

　　他简直没法相信自己的眼睛，南仁东竟然真在抽烟。可他刚才明明已经没收了南仁东的烟，现在那半包烟还在他怀里揣着！

　　南仁东正一边抽着烟，一边入神地盯着电脑屏幕。严台长来了，南仁东也没察觉。

　　严台长悄悄走到他身后，看到了电脑屏幕上他刚写下的一段话：

　　　　FAST关键技术成果可应用于诸多相关领域，如大尺度结构工程、千米范围高精度动态测量、大型工业机器人研制以及多波束雷达装置等。FAST的建设经验将对我国制造技术向信息化、极限化和绿色化的方向发展产生影响……

　　南仁东感觉到身后有人，回过了头。

　　不过，他似乎没意识到自己犯了戒，还拿了办公桌上的烟，请严台长抽。看样子他那会儿有些恍惚，恍惚以为自己还身处生病前的那些岁月，他不过是在办公室上着班，而严台长也不过是找他有事来了。

　　南仁东指指电脑，说："突然有了些想法，改改我那篇论文。"

　　严台长说："FAST建设完不了，你这论文自然也就完不了。不过……我不是把你的烟没收了吗？"

　　这一问，将南仁东的思绪拉回到烟的问题上来。

　　这一回，严台长又把桌上那半包没收了，问："还有吗？"

　　南仁东看清了形势，摇头说："没有了。"

　　严台长说："走吧，我送你下楼，司机等着送你回医院呢。"

　　南仁东问："就这会儿？"

　　严台长说："那你还想待多久？"

　　南仁东指指电脑，说："可你看我才刚刚开始。"

　　严台长说："你非得现在改吗？"

　　南仁东说："现在不改我啥时候改呢？再说了，到了我这年纪，有了想法要是不及时写上，过几分钟就忘了。这又不是我住院期间第一次回办公室，你还怕我走丢了？我刚才也就是想搭一下你的顺风车，回去的事儿你就不用管了。你忙你的去吧，明天我们还要在一起呢。"

说着他伸手推着严台长的身体，把他送出门去了。严台长还没走几步，他已经把办公室门关上了。

那天，南仁东在办公室待到了下午下班时间。临走时，又到信箱里拿了信件。这天拿到的信件，是两本天文期刊和一封信。这封信，封面是手写的，字迹还有些稚嫩。这年头，写信都用电子邮件，因此他猜，这可能又是贵州某个学生的来信。因为他在贵州资助过很多学生，所以这两年他没少收到他们写来的感谢信。

上了车，他打开了信：

敬爱的南爷爷：

听说您生了重病，住了院，不知道现在康复了没有。我是您资助过的一名学生，我叫陈墨。名字是我自己起的，我9岁才因为得到您的帮助而上了学，上到三年级的时候，我为自己改了这个名字，希望自己今后能做一个有文化的人。我知道，只有这样，才不至于让您失望。我写这封信，主要是向您表达我和我们全家人的感激，并希望您能早日康复……

他看得禁不住笑出声来。这一笑，就把一个下午的累都笑没了。

11

在天上飞了近3个小时，到了地面又跑了近3个小时，傍晚时分，南仁东终于到达大窝凼了。

徒弟们都说："您为什么不住在县城，明天早上过来呢？"

他笑着说："我好好的，为什么要住在县城呢？"他的确希望自己看上去好好的。但尽管他努力掩饰，徒弟们还是看见了他的疲惫和不支。一别几月，他还是有了明显的变化。那撮曾经让他看上去非常个性的小胡子，现在变得花白而稀疏了。他的头发是那种灰灰的颜色，极像一片阴天。他蜡黄的脸，正像是阴云遮挡下的太阳。

那时候，天已经暗得看不清楚什么了，可他依然坚持要马上去现场。他等不及明天，他迫不及待地要去看看。这些日子，他可没少想它，想他离开的时候它是个什么样子，那之后的每一天，它应该变成了什么样子。他不能在现场看着它成长，就让它在自己的脑海中成长。来时，车到垭口的时候，他已经从车窗依稀见过了它圆圆亮亮的样子。而现在，他要近距离去看它，去摸它。

他又一次爬到了半山，那里可以近距离地看到 FAST 主体工程的全貌。现在，它像一只巨眼，在夜幕下静静地看着它的父亲。

"11 月了！"南仁东感叹道。他虽然没能一直坚守在施工现场，可他照样在心里一天天数着工期哩。"从拼装第一块反射面子单元，到最后一块反射面单元的安装，11 个月了，终于竣工了。"他说。

那天晚上，他睡得出奇地好。

竣工仪式是在第二天上午举行的，由严台长主持最后那一块反射面单元的安装。在他的号令下，最后一块反射面单元缓缓起吊。南仁东的心，似乎也一起给吊了起来。反射面板在空中完成了两次转接之后，顺利完成了它的使命：它终于可以宣布 FAST 主体工程竣工了！

南仁东给吊起的心，终于踏实地回到了肚子里。他长长地吁了一口气。可这口气并不代表他已经完成了使命，可以给自己放假了。在随后的采访中，他是这样对记者说的："虽然 FAST 主体工程已经竣工，但这只是万里长征的一个新的起点，我们还有太多的工作需要去做。"

他说："这个望远镜建好了，只意味着我们有了一个过去不曾有过的设备。我觉得，从 FAST 望远镜的科学目标分析上来看，它会给中国的射电天文工作者创造一个非常好的突破机会，只期望后来者们尽快地完成望远镜的调整及试运行、试观测。希望他们能够有运气做出巨大的天文成就，并用我们的成就回馈国家、回馈人民、回馈射电天文界。"

12

FAST 主体工程竣工后，它有了另一个名字——天眼。这是一个产生于业内的绰号，取于它精美的外形和巧妙的结构——FAST 25 万平方米的凹形反射面是它的眼底，上万根钢索和托起数千个反射面单元的球冠形索膜网是它的视神经，馈源舱便是它的眼球。而这只眼睛，作为一个多学科基础研究平台，可以将视线伸向宇宙边缘，观测暗物质和暗能量，寻找第一代天体。

当然，第一时间让世界惊叹的，还是它的技术创新。FAST从一开始就注定了必须走一条别人没走过的路——既要达到"接收面积1平方千米"的硬性指标，又要保证造价上可以接受。利用喀斯特地貌作台址，便成为它唯一的选择。

在谈到FAST的时候，人们总要提到美国的阿雷西博。毕竟，在FAST诞生之前，阿雷西博是世界上最大的单口径望远镜。而这个望远镜也是利用喀斯特地貌建造的。正是因为它们有相似的地方，所以才有了可比性。又正是因为比较，FAST光彩照人的一面，便自然体现了出来。

目前世界上的单口望远镜，也无非两种建法：一种是全可动的抛物面天线，一种是主反射面不动而馈源动的球反射面射电望远镜。前者的代表是美国的绿岸射电望远镜（Green Bank Telescope），它的碟形天线活动表面长110米、宽100米，由2000多块小型反射板组成，重达7700吨。后者的代表则是阿雷西博，口径305米，支撑馈源的悬空背架重达1000吨。这就意味着，FAST如果照搬前人的设计方案，理论上就必须是一个体重达10000吨的肥胖儿，也就意味着不光造价难以接受，工程实施难度也相当高。

然而今天，FAST采用轻型索拖动馈源支撑，将万吨平台降至30吨。这项技术突破了传统射电望远镜的简单背架支撑模式，保证了FAST馈源舱只有30吨的健美身材，还减少了对反射面电波的遮挡。不仅如此，它的带孔反射面在瘦身方面也有非凡表现：它让本该重达2300吨的主体工程减到了1300吨。更奇妙的是，FAST还创造了主动反射面在地面改正球差的奇迹。它的每块反射面板都可以随着天体的移动，调整瞬时抛物面的方向。就是说，它的每一块反射面板，都会根据需要灵活运动。FAST是时至今日世界上最大的射电望远镜，但这并不意味着它也是世界上最笨重的射电望远镜。它的几大技术创新和突破，注定了它在未来的20至30年，都将保持世界一流的水平和地位。一经并入国际VLBI（甚长基线干涉）网，便可将基线检测灵敏度提高10倍，成图目标增加1000倍。这个健美灵活的"巨人"，便势不可当地成为国际VLBI网俱乐部的网主。

然而，老百姓却称它为"大锅"，说它是世界第一大锅。老百姓想法简单，只因它看上去的确就像一口大锅。"锅"在生活中跟他们相处亲密，所以，他们给了它这个外号。他们凭着自己那点儿生活经验，猜测着如果用它来做饭，得多少人吃多少天才能吃完。因为它生在贵州，又名噪于世界，所以他们用同样名声在外的贵州茅台来估算：如果用它来装茅台酒的话，世界70亿人口一起喝，能喝多久。

2016年7月3日，当FAST光彩夺目地出现在世界视野的时候，世界立即怦然心动了。倾慕者从世界的四面八方赶来。科学家也好，老百姓也罢，他们全都惊喜地凝视着FAST，津津乐道地谈论着它：它的孕育、它的降生、它的成长。而这个时候，人们也就必然地谈到了南仁东——它的父亲。正是这位父亲，赋予了它闪耀世界的生命。23年，南仁东只为FAST而活。就像FAST实现了世界领先的技术突破一样，南仁东，也突破了人在情感和意志上的坚守极限。

"是啊，整整23年啊。很多人可以坚持23个月，也可以坚持两三年，可是，能坚持23年初心不改的，也只有南仁东了。"

"成功永远只属于他这样的坚持不懈的人。"

"是啊，他终于成功了。可望远镜建成了，他却生病了，还得的是绝症，你们说，这老天的眼睛，是不是长到后脑勺去了？"

"我们刚才看到他了，他可是比以前老多了，也瘦多了。"

第十一章

——

大国重器

2016 年 9 月 25 日，FAST 终于迎来了它的"成人仪式"。这一天，它以"世界之最"的荣誉骄傲地站到了世界面前。这一天，不仅是世界为之瞩目，浩渺的宇宙，也为之瞩目。23 年，从孕育到降生再到成长，直到今天的长大成人，每一步都渗透了 FAST 科研团队的心血和汗水。正是南仁东，这位平凡而又伟大的科学家，倾尽毕生，用爱和心血成就了它今天的荣耀和辉煌。

1

对于 FAST 的落成启用，南仁东期待了 23 年。23 年对于宇宙，的确就一瞬。可对于一个期待来说，它又显得太长了。25 号举行落成启用仪式，他 24 号就出发了。这一阵儿，或许是因为心情好，他的皮肤看上去红润有光泽。强装一下，他就还是那个可以傲视一切困难，似乎永远不知道辛苦为何物的南仁东。

进大窝凼的车刚行驶到垭口，他就突然叫停了车。陡然闯入视野的 FAST，惊艳得他手足无措。他还没在这个视角认真打量过 FAST。就像一位父亲，一直忙碌一直忙碌，从来都没停下来认真打量过自己的女儿，有一天突然惊喜地发现，经历过"女大十八变"后的女儿，成熟得竟然像朵盛开的玫瑰一般夺目。

他禁不住热泪盈眶。

司机或许是没法理解他的感受。司机的感觉，就是一个普通老百姓的感觉。他说："从这里看，它的确就像一口大锅。"

南仁东很不喜欢这种平庸的比喻，他说："你们不觉得它是一道风景吗？在这片喀斯特山水中，它就是一道美丽的风景——科学风景。"他得意地扭头去看夫人，看到了她那一脸的震撼和感动。是啊，那一刻她终于明白了，明白了南仁东为什么因它而变成了一个偻老头，明白了为什么南仁东能20多年如一日地为之痴狂。如果说她这20多年的默默支持，只是因为一个妻子的分内之事，如果说FAST竣工后滚滚而来的溢美之词，带给她的只是一种"一人参军，全家光荣"的自豪，而这一刻，FAST带给她的是由衷的感动和幸福，是拥有满满一个世界的感动和幸福。她突然那么强烈地意识到，丈夫倾其半生为之奋斗的，不只是他一个人的梦想，还是一个国家的梦想，是一个世界的梦想，是全人类的梦想。

今天，大窝凼所有的繁忙都是为了准备明天的落成启用仪式，FAST静若处子。

知道南仁东今天到，能出来的人，就都拥过来迎他。可南仁东的目光，却跃过他们的头顶，看向了FAST。那是父与子历史性的一次深情对视，是互相之间血浓于水的打量。世界在那一刻静默下来，时间在那一刻冻结起来。迎他的人们，就自觉地为他让出一条道来。他便沿着那条道，颤颤巍巍地走近它。他的手伸向了钢板，伸向了钢索。他摸着它们，就像摸着它晶莹剔透的指甲，和它缎子一样的秀发。站在凼底，他看到阳光从反射面的孔洞里洒进来，在地面斑斑驳驳地闪烁成一张碎花毯。他听到风"呼呼"地穿过反射面孔洞，在他的身边窃窃地欢笑。而这阳光这风分明已经不再是阳光不再是风，它们是FAST的一部分，是FAST调皮的一个笑容，是它难以平静的呼吸。

是的，23年，FAST从一个梦想走成了现实，从一张图纸走成了一件实实在在的重器。而今天，它已经不再是凡夫俗子，它是这地球上一个美丽的精灵。突然之间，南仁东发现自己再也不需要强打精神了，那场大病似乎从来就没有发生过，他还是那个硬汉子南仁东。他禁不住抖了抖肩。孩子的确长大了，明天就是它的"成人仪式"了。可对于它任重道远的"人生"来说，这才是开始。他抖抖肩，是想试试劲，看自己是否还能继续扛着它往前走。结果令他很满意，作为父亲的满腔的爱和成就感紧紧围绕着他，他的身体已经不再是重病之躯。

从 FAST 身边转身之后，大家仿佛又看到了之前的南仁东——那个风风火火、不知疲倦的南仁东。

"到宿舍吧，南老师，早上胖嫂刚打扫过。"

"我不光打扫了卫生，铺盖也换洗了。"这是胖嫂在说。

她还说："开水也是刚刚才打进屋去的，南老师先到宿舍歇着，喝口水，我这就去为您准备吃的。"

南仁东却要去他的办公室，他不要人跟着。他像赶羊一样赶他们："回吧回吧，忙你们的去，我有事再叫你们。"

感觉他的办公室有大堆活儿正等着他，他得抓紧时间干活儿去，于是，大家都不再围着他了。胖嫂将南夫人接到宿舍歇下，急急忙忙地提了一壶开水去了他的办公室。

他的办公室一直还保持着他回北京住院前的样子，而且，一点灰尘都没有，就像他不曾离开过那么久，就像他昨天还在这里办过公一样。

"是你在打扫吧？"胖嫂进来的时候，南仁东问她。

"哎。"胖嫂回答说。

"真是辛苦你了，看样子，天天打扫吧？"

"哎。"胖嫂又说。

说着话，胖嫂已经为他泡好了茶。她说："您不在，跟在是一样的。您要天天在，我还不一样要天天打扫吗？"

南仁东说："我不在的时候，就用不着天天打扫。"

胖嫂说："您在不在，我们都觉得您在哩。"

这话听得南仁东心里一暖，他便哈哈笑起来了，只是他的声音沙哑，笑起来不如从前那么响亮了。

跟着，几个副总工程师就相继进来了，一是来迎他，二是来聊聊明天的仪式：哪些人要出席明天的仪式，参加论坛的又有哪些人，等等。而南仁东似乎并不关心这些，他更在意的是调试工作。

他的话显得很是语重心长："我们的工作不是建成就完了，事实上，把它建成了，我们的工作才真正开始。我们设定的科学目标能不能做到，就要看调试的结果了。我们建它的时候，没有先例可循，调试工作也一样没有先例可循，因为它是全世界独一无二的全新结构。"

而几个副总更关心他的身体，问他恢复得怎么样。他说："这个你们别管，我要是有一天真的不行了，就躲得远远的，不让你们看见我。"

他本来的意思，是想告诉他们：他没有问题。可这话却让几个副总听得心里酸楚得慌。

2

落成启用仪式是第二天的上午 11 点整开始的。那一刻，贵州第一次成为全球视野的焦点。美国有线电视新闻网、《纽约时报》、《金融时报》、《华尔街日报》、《华盛顿邮报》、英国《卫报》、英国广播公司（BBC）、《每日电讯报》等对此进行了铺天盖地的报道，中共中央总书记、国家主席、中央军委主席习近平发来了贺信。

世界各大媒体的宣传报道，也都十分真实而中肯。英国《每日电讯报》称：中国开启了世界最大的望远镜。如果真理就在那里，中国决心用这个射电望远镜来找到它。这个世界最大的望远镜将让中国比其他任何国家都看得更远。它让中国能深入宇宙深处，观察遥远的星系，并试图揭开宇宙的秘密。

英国广播公司（BBC）称：在项目的规模和科学野心上，FAST 都真正让人叹为观止。它显示出中国争取成为世界科技大国的努力已经走了很远。几十年前，中国在全球科技排名中还排不上号，而如今，随着 FAST 的启用，中国进入了科研复兴的下一阶段，世界正在看中国能否不负自己的期许。

《华尔街日报》和《华盛顿邮报》称：FAST 对全球天文学家开放申请使用，这将在全球范围内吸引更多的科学家前往中国进行项目合作，也对中国在科学技术发现上超越美国有促进作用。

而早在 1993 年就获得了诺贝尔物理学奖的射电脉冲星发现者约瑟夫·胡顿·泰勒在仪式上致辞说：FAST 是一个全新的、独特的射电望远镜。FAST 的落成启用，凝聚了大量的智慧和精致的发明，其包含的诸多重大关键技术和系统，令人印象深刻，将成为研究天文学重大问题的超级装置，对探测太空奥秘具有重大意义。在 FAST 的帮助下，人类会有许多令人惊奇的、出人意料的宇宙发现，非常期待早日看到 FAST 的研究成果。

英国曼彻斯特大学教授、SKA 项目提出者之一，彼得·诺曼·威尔金森指出：FAST 是迄今为止世界上最大的单口径望远镜，它将保持其纪录走到可预见的未来。FAST 规划的科学目标非常宏大，而且补充了由组阵天线所要做的工作。FAST 极其适合用于发现新现象，但为了揭开这些"未知的未知"谜团，天文学家必须拥有机遇。FAST 应秉承这样的理念来运行，即以最大化的机会使其国际用户群接近数据，这是 FAST 提供的"人类的带宽"，这一人类带宽从今天的成熟天文学家向明天的年轻人延伸。

……

全世界都在说 FAST！

而这时候的南仁东，必然成为世界的焦点。

"南仁东为人类探索宇宙奥秘的伟大事业贡献了一生，他倾其所有为国家创建了世界领先的科研利器，为中国天文科学家创造了独一无二的科研机会，让

2017 年 1 月，2016 年度科技盛典颁奖现场

中国人民重树天文强国中国梦的可能变成现实；他科学严谨的学术要求、敢为人先的探索精神、淡泊名利的人生态度为我们留下了宝贵的财富……"

他得配合国内各大媒体"围剿"似的采访，得一次又一次地面对镜头，一次又一次地站在聚光灯下，然而他的话却不多。他本来是一个喜欢创作的人，绘画、音乐、诗歌无一不精。可临到这时候，他的话，却句句那么质朴。

他说："FAST 不是一个人的力量能够完成的工程，它是我们整个项目团队，共同追逐了 20 多年的梦想。从北京到贵州，从科研工作者到普通工人、到农民，无数人为它付出了时间和汗水……我们 FAST 不过是沿袭并延伸了中华民族仰望上苍，观测斗转星移的文化传统……我没有特别多的成就感，我有过高兴，转瞬即逝。当你回忆你的一生的时候，你享受了你的生命过程，哪一个节点是可以缺少的呢？都是自然而然的。"

第十二章

——

星空的召唤

康德说：世界上有两样东西，能深深震撼我们的心灵，一个是心中崇高的道德准则，一个是头顶璀璨的星空。

而天文学家南仁东，正是一个心中有着崇高道德准则的人。他那宽广的人生格局和坚韧的人生态度，不光成就了"天眼"，也成就了一座宏伟的精神丰碑。

1

FAST 实现了包括耐疲劳钢索在内的 30 多项自主创新的专利成果，其中的索网技术成果获得了"2015 年钢结构协会科学技术奖特等奖""2016 年广西技术发明一等奖"和"2016 年北京市科学技术奖一等奖"。2017 年，团队又申报了"中国科学院杰出成就奖"，初评答辩时，南仁东专门叮嘱说："报告时一定不要提我生病的事情。"

得他叮嘱的是国家天文台纪委书记。这位纪委书记一时间难以明白这跟评奖有什么关系，就问他："为什么？"

南仁东说："科学奖项应该用实力说话。如果评委知道我得了绝症，就会心生同情，从感情上倾向于 FAST，这既不是我们想要的结果，也不是别人想要的结果。"

这样一说，这位纪委书记也就完全明白了。

我们都知道奖励对于一个人有多重要，它是你人生长跑中来自观众的欢呼声和掌声，是鼓舞你坚持到最后的最强精神动力之一。可南仁东一生追求的，从来都不是代表鼓励的"加油"声，掌声也不是为了"加油"声而做的伴奏。他要的是咬牙实现每一次超越时带给观众的窒息感和凭实力最终拿下冠军后的那一片如潮的掌声、欢呼声、尖叫声和口哨声。

FAST 建成后，他被评为"CCTV 2016 年度科技创新人物"和"2016 中国科学年度新闻人物"。同事们都替他不平，认为他应得的，不应该就这些。可令人意想不到的是，他没有说"感谢"，而是反问他们："为什么？ FAST 的确拿下了几十项创新技术，但那都是整个团队的成就。"

南仁东属于那种不允许自己失败，但成功后又并不在乎别人掌声的人。如果你在赛场上见到过一个在如潮的欢呼声中始终保持着淡定微笑的人，一个拒绝被你们抛向空中的人，一个只对你说"我渴了，给我来瓶水"的人，这人一定是南仁东。

南仁东是院士王绶琯的学生。我们都知道，按照正常的路径，他可以多发论文，多出理论成果，从而顺理成章地走上院士的评选道路。但是，南仁东没有选择这条路。因为"院士"不是他毕生的梦想，FAST 才是。对于他来说，能不能成为院士并不重要，重要的是这一生能不能完成自己最大的梦想。这就注定了他将全身心投入"中国天眼"的建设，一生只为这一件事。FAST 工程由台址勘察与开挖、主动反射面系统、馈源支撑系统、测量与控制系统、馈源与接收机系统及观测基地六大系统组成，这意味着他有很多功课要补，但他不怕。建设过程中，有太多看上去几乎无解的难题，他也不怕。不懂，就学；有困难，就想办法解决。在他的人生坐标上，最容易达到终点的，距离最短的轴线，是悉心于某一项专门的理论研究，直到获得院士之位。但他却选择了通往 FAST 的这条斜线。48 岁那年，他提出了这个项目，立项时他已经 62 岁了，到这个时候，项目成果还没有出来。就是说，这是一条永远也无法跟轴线相交的斜线。

然而，2017 年中科院院士初步候选人名单中，72 岁的南仁东赫然在列。在同期 157 个候选人中，他年龄最大。按规则，被推荐人一般不超过 65 岁。很显然，命运为了公平，试图对他破格。

可得到这个消息的第一时间，南仁东没有表现出意外惊喜，倒是平静地对推荐自己为候选人的同事说："你们别折腾了，我活不到那一天。"

是的，南仁东这辈子就是为 FAST 而生。而今，FAST 已经建成，他的生命也就进入了倒计时。

在古代中国有一种说法，说地面上每一个闪光的人，都是天上的某个星星下凡。当地面上的使命完成之后，星空就会将他们召唤回去。南仁东已经听到星空的召唤了。在离去之前，他不舍的，倒不是什么院士之位，而是那群跟自己一起战斗过的同事。

因为病情恶化，家人决定将他转院到美国治疗。临行前的一天，姜浩宇给他去了个电话。FAST 建成后，姜浩宇被任命为调试组组长，给他打电话，是为了向他汇报 FAST 的调试情况。大致汇报完工作后，姜浩宇问他："老爷子，听说你要去美国？"

南仁东说："是的。"

那之后，电话两端都沉默了。

沉默之后，是南仁东先开了口。他说："你有时间回来吗？"

姜浩宇在电话那端分明感觉到了一种难舍，但他不相信南仁东会突然间变得那么脆弱，硬汉子从来不会表现缠绵之情。他宁可相信是自己产生了错觉，宁可相信老爷子不过是随便一问。因而他老老实实告诉他："FAST 这边事儿太多了，我可能回不去。"

他的确是回不去。可他完全没有意识到老爷子这是想跟他见最后一面。在 FAST 团队中，南仁东跟姜浩宇算是不打不相识的忘年交。在 FAST 项目组遇到一次比较大的变动时，南仁东曾把姜浩宇叫到办公室，十分认真地问道："姜浩宇，你说你一个刚毕业两年的小屁孩，我能完全相信你吗？"一般人经他这么一问，早就不知所措了。可姜浩宇当时表现得镇定自若，他思考了半晌后，认真地回答南仁东："南老师，我觉得你可以信任我。"

这样一来，反倒是南仁东有些措手不及了。很显然，他跟前站着的不是他想象中的小屁孩，而是一个偏把式。而这种不按套路出牌的偏劲，正是他南仁东的风格。两人"臭味相投"，姜浩宇很快就成了南仁东的助理。之后的那些为 FAST 以命相搏的岁月里，姜浩宇都始终追随左右。两人之间的感情，已经远远超出总工与助手之间的感情，而更像是父与子，更像是为共同理想一起出生入死的战友。

这位年轻的"战友"，除了跟他一样偏以外，还跟他一样大大咧咧。2017 年 8 月 28 日凌晨，姜浩宇还将 FAST 首次实现对标准射电源的稳定跟踪的好消息告诉了正在美国接受治疗的南仁东，他在微信上留言：

> 老爷子，我们的望远镜能跟踪了！

而南仁东也及时地回了微信：

> 测试小组：
> 　祝贺啦！结果不错！虽然我不知道观测细节和源的名字，下次告诉我即可。
> 　谢谢大家。老南。

可谁又能想到，还没等到"下次"，南仁东已经与世长辞了。他离开的时间是 2017 年 9 月 15 日深夜，北京时间 23 点 23 分。或许只是巧合，又或许是冥冥之中的安排：这是一个能纪念他持续 23 个年头致力于一件大事的数字。而这一天，离这次聊天，仅半个月时间。

消息是南夫人发布的：

> 南仁东因肺癌突然恶化，抢救无效，于北京 2017 年 9 月 15 日 23 点 23 分去世。弥留之际，妻子、两女儿及女婿陪伴左右，离世时平静安详。遵其遗愿，丧事从简，不举行任何追悼仪式。请转告各位关心他的同事、朋友们。感谢在世时，大家对他的关心和照顾！南仁东家属。

收到这条信息的时候，姜浩宇才意识到，那次没能回北京见老爷子最后一面，将成为他永远的痛了。一整天，他满脑子都是老爷子，是他们最初的不打不相识，是他们一起为某个问题争吵，是他们一起熬夜寻求解题之道，是他在绝望时无助的背影，是他逗工地上那只叫"囫囫"的狗时露出的孩子似的笑容……

那天深夜，他打开老爷子写给他的最后一封邮件，回信写道：

老爷子，咱们还能聊聊吗？怎么感觉我的心情糟透了呢？

他不知道老爷子在那边是不是能收到这封邮件。但他肯定知道，他再也不可能收到老爷子的回复了。

姜浩宇终于鼻子一酸，眼泪决堤了。

2

同样难过的，当然不止姜浩宇。

严台长接到信息的时候，正在南京参加学术会议。他特意早起，本来是为新疆天文台成立 60 周年撰写一首庆祝的《渔歌子》词作，没想到刚写了一段，就看到了南夫人在微信上发布的消息。严台长原本就是个重感情的人，这里写着别人的祝词，那边却传来了老南的死讯，他当即就没忍住眼泪……

而从硕士到博士，再到正式加入 FAST 工程组，跟随了南仁东 15 个年头的小甘得到这个消息后，才猛然意识到，自己一直藏在心里的那声"谢谢"，再也没机会说出口了……

南仁东走了。

我们宁愿相信，他是回到了星空，是化作了星星。作为天文学家，他一定会对这次离去付之一笑。或许不久之后，我们便能通过他留下的"天眼"得到他的消息。可是，这一刻，我们还是忍不住要难过，要怀念。

中国科学院国家天文台于 9 月 17 日发布了深切缅怀南仁东先生的讣告：

……南仁东先生一生朴素宽厚，淡泊名利，待人诚恳，胸怀全局，鞠躬尽瘁，为我国天文学事业的发展做出了突出贡献……

"老南如果知道我们这样公开地怀念他，肯定是要怪我的。但我们应该怀念他！因为他，中国的射电天文事业从落后变成超前，FAST 让我们至少领先世界其他国家一二十年！"严台长说。

"对于南老师来说，有没有我这么一个学生，好像不会有什么不同；但对于我来说，没有南老师的帮助，将会是一个不一样的我。"杨小清说。

……

2017 年 11 月 17 日，中宣部追授南仁东"时代楷模"荣誉称号，由南仁东的亲属代领了"时代楷模"奖章和荣誉证书。

替他领奖的南夫人在颁奖台上如是说："我的先生南仁东，是千千万万中国知识分子当中的普通一员，普通得不能再普通。是这个伟大的时代成就了他，使他点点滴滴平凡的工作和生活折射出不平凡的光辉；是博大精深的中华文化滋养了他，养成他淡泊名利、坚持真理、一诺千金、善良勤劳的优秀品格；是无数科技泰斗教育和影响了他，给予他渊博的学识，铸就了他敢为人先、迎难而上、坚忍不拔的科学精神。"

她说："追授南仁东的这块奖牌上，凝聚着祖国和人民对每一位普通劳动者的期待。我想，对我们来说，没有天赋，那就更勤奋一些；没有机遇，那就再坚持一下；没有传奇的过往，那就让未来充满正能量，为他人、为社会、为国家乃至为了这个伟大的时代，去做些点点滴滴又实实在在的贡献。"

写在后面的话

南仁东走了。他的七十二载人生，只为 FAST 而来，而今，"天眼"睁开，他安详地闭上了双眼。

是的，他走了。但他留下的"天眼"却在延续着他的梦想。截至 2018 年 9 月，这个建成仅仅两年的全球最灵敏的单口径射电望远镜，已经发现了 44 颗新脉冲星。这是它光彩照人的成果首秀。而这场"首秀"对南仁东来说，或许是最好的告慰。2018 年 10 月 15 日，中科院国家天文台宣布，经国际天文学联合会小天体命名委员会批准，国家天文台于 1998 年 9 月 25 日发现的国际永久编号为"79694"的小行星被正式命名为"南仁东星"。这是天文学界对他的肯定与致敬。

是的，虽然他走了，但他的身后还有一代又一代的年轻科学家。有他这座精神丰碑矗立于那里，有他人格光辉的照耀，在科学探索的道路上，他们将会越走越远，越走越好。

ISBN 978-7-5171-3703-0

定价: 68.00 元